Manual de grafología

Elisenda Lluís Rovira

MANUAL DE GRAFOLOGÍA

A pesar de haber puesto el máximo cuidado en la redacción de esta obra, el autor o el editor no pueden en modo alguno responsabilizarse por las informaciones (fórmulas, recetas, técnicas, etc.) vertidas en el texto. Se aconseja, en el caso de problemas específicos —a menudo únicos— de cada lector en particular, que se consulte con una persona cualificada para obtener las informaciones más completas, más exactas y lo más actualizadas posible. EDITORIAL DE VECCHI, S. A. U.

© Editorial De Vecchi, S. A. 2018
© [2018] Confidential Concepts International Ltd., Ireland
Subsidiary company of Confidential Concepts Inc, USA
ISBN: 978-1-64461-077-0

El Código Penal vigente dispone: «Será castigado con la pena de prisión de seis meses a dos años o de multa de seis a veinticuatro meses quien, con ánimo de lucro y en perjuicio de tercero, reproduzca, plagie, distribuya o comunique públicamente, en todo o en parte, una obra literaria, artística o científica, o su transformación, interpretación o ejecución artística fijada en cualquier tipo de soporte o comunicada a través de cualquier medio, sin la autorización de los titulares de los correspondientes derechos de propiedad intelectual o de sus cesionarios. La misma pena se impondrá a quien intencionadamente importe, exporte o almacene ejemplares de dichas obras o producciones o ejecuciones sin la referida autorización». (Artículo 270)

*Dedico cariñosamente este libro
a mis dos hombres de la casa: Jordi y Patrick*

Índice

Introducción 11

Primera parte
NOCIONES GENERALES

Algunas notas históricas 17
   Los primeros tanteos: Camillo Baldi
      y Marco Aurelio Severino 17
   Johann Kaspar Lavater y su teoría
      acerca de la variación emotiva 19
   La aparición de la grafología moderna:
      el abate Michon y Crépieux-Jamin 20

Escritura y personalidad 21

Segunda parte
APLICACIONES PRÁCTICAS

Posibilidades y ventajas de la grafología 29

Aplicaciones de la grafología 31
La grafología y la terapia psicológica 31
Aplicaciones de la grafología en medicina 32
La selección de personal 32
La orientación laboral 33
La grafología en la escuela 34
La investigación judicial y criminal y el peritaje grafológico 36

Tercera parte
METODOLOGÍA

El análisis grafológico	39
Requisitos previos	40
La importancia de la primera impresión	42
Positividad y negatividad	43
La energía vital o libido	45
Los géneros gráficos	49
El orden	49
La forma	51
El tamaño	55
La dirección	62
La inclinación	67
La escritura vertical	67
La escritura inclinada y la invertida	68
La escritura desigual	69
La presión	70
La velocidad	74
La continuidad	78
Los cuatro temperamentos	87
El temperamento sanguíneo	88
El temperamento bilioso	90
El temperamento nervioso	93
El temperamento linfático	95
Extroversión e introversión	97
La capacidad de reacción	101
El simbolismo del espacio	105
La zona media o del centro	107
La zona derecha	107
La zona izquierda	108
La zona superior	109
La zona baja o descendente	110
Qué revela nuestra firma	113
La firma en cada edad	114
Por qué cambiamos nuestra firma	115

Tener más de una firma 117
Los temperamentos y la firma 119
    La firma de una persona de temperamento sanguíneo 120
    La firma de una persona de temperamento nervioso. 121
    La firma de una persona de temperamento bilioso 122
    La firma de una persona de temperamento linfático 123
La relación entre el texto principal y la firma 123
La rúbrica 125
    Tipos de rúbrica 126
    — Rúbrica con punto 127
    — Subrayado 127
    — Rúbrica en forma de curva 129
    — Rúbrica con lazadas y bucles 131
    — Rúbrica con cruces y arpones 132
    — Rúbrica de formas complicadas 133
    — Rúbrica con dibujos 134
La firma y los géneros gráficos 134
    La firma según el tamaño 134
    La firma según la dirección 137
    La firma según la inclinación 139
    La firma según la velocidad 141
    La firma según la presión 143
La firma según la forma 144
    Firma angulosa y firma redondeada 144
    Firma adornada y firma sencilla 145
La firma según su disposición en el papel 148

EL SECRETO DE CADA LETRA 153
El significado de los óvalos 153
La letra de y el intelecto 156
La letra ge y el erotismo 159
La letra i y la capacidad de concentración 163
La letra erre y el mal genio 166
La letra te y las dotes de mando 167

CUARTA PARTE
EL INFORME GRAFOLÓGICO

CONSEJOS PARA REDACTAR UN INFORME 175
El ensayo interpretativo 177

El retrato grafológico final 179
Conclusión. 183

Glosario 185

Bibliografía recomendada 189

Introducción

A pesar de que la escritura nos ha acompañado durante más de cuatro mil años, sólo en este último siglo ha experimentado un fuerte cambio: la proliferación de máquinas de escribir y procesadores de textos así como el desarrollo de medios audiovisuales han ido arrinconando el hábito de escribir a mano. La comunicación se ha vuelto más urgente e inmediata, pero también más impersonal. El número de mensajes electrónicos que se envían supera con creces el volumen de correo postal y cada vez son más los expertos que afirman que en pocos años la carta se habrá convertido en una rareza, por no decir en una extravagancia.

Estos avances tecnológicos, que ciertamente son muy útiles, limitan la cantidad de información y, lo que es más importante, poseen muchas menos posibilidades expresivas que una conversación, ya que se pierde toda la información que aportan los gestos, las miradas, los tonos de voz y las expresiones del rostro. Una hoja de papel manuscrita, evidentemente, no puede ser tan rica, pero gracias a la caligrafía, sus trazos y ritmo personal, su tamaño, los adornos y el movimiento, podemos establecer una comunicación emotiva con nuestro interlocutor.

Cada vez hay menos calígrafos profesionales y en las escuelas, aunque se desea que los niños adquieran un buen conocimiento de la lengua y de la caligrafía, muchos profesores se ven incapaces de hacer comprender la importancia de una letra bella, clara y equilibrada, una ortografía correcta y una expresión sobria y comprensible. Por desgracia, en nuestra sociedad se tiene en poco el hecho de escribir bien; no se considera un defecto o una carencia que deba paliarse.

Y sin embargo, la escritura persiste: buena parte de los mensajes audiovisuales que debemos interpretar a diario deben ser leídos. Se siguen tomando los apuntes con papel y lápiz; se sigue haciendo la lista de la compra; se escribe a mano una tarjeta postal cuando se va de viaje por vacaciones o se dedica un momento a escribir una carta personal a un amigo. Por suerte, declararse a través de Internet es muy poco romántico.

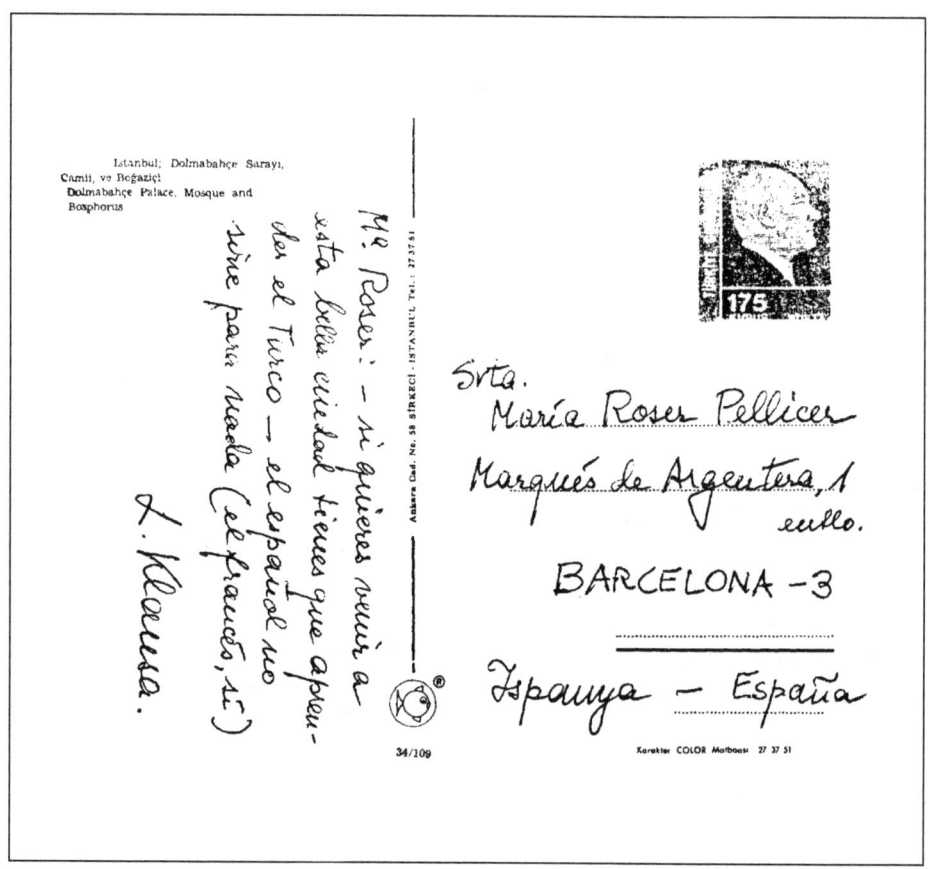

Una tarjeta postal manuscrita

Aún no ha llegado el tiempo en que, como ha sucedido con las calculadoras, gracias a las que muchas personas han dejado de sumar y restar mentalmente, uno lleve el ordenador consigo y lo utilice para tomar notas. (Aunque no queda mucho: ya han comenzado a aparecer las agendas electrónicas.)

Así pues, en una época tan tecnificada como la nuestra, ¿qué podemos esperar de la grafología?

¿Existe una ciencia grafológica? Y de ser así, ¿hasta qué punto son válidas sus conclusiones?

No son pocos los estudiosos que se han formulado estas preguntas en un intento de resolver el problema, no por puro academicismo, sino para disponer de suficientes garantías con vistas a un resultado práctico. En otras palabras, ¿es fiable la grafología?

Aunque no puede considerarse una disciplina científica como la biología, la física o la matemática, está formada por un conjunto de leyes estudiadas y probadas que se utilizan para estudiar la personalidad de un sujeto en sus diversas facetas.

Hay quien dice que es un arte, ya que exige grandes dotes de perspicacia e imaginación. Es posible, ya que es preciso tener un sentido estético aguzado para valorar todos los rasgos definitorios de una escritura sin perder la visión de conjunto, pero no todo se debe a la inspiración: nadie se convierte en grafólogo de la noche a la mañana, sino que debe someterse a un largo y arduo aprendizaje, puesto que además de leer y consultar libros sobre la materia, es necesario acudir a una escuela especializada donde puedan adquirirse los conocimientos teóricos necesarios y donde se puedan aprender las técnicas de interpretación. Sólo mediante una práctica continuada se puede llegar a ser un experto grafólogo.

Este manual es, pues, el primer paso. Se trata de una obra divulgativa que explica, aclara y describe los aspectos más importantes de esta disciplina, a fin de que todos los lectores puedan desvelar aquellos rasgos de la personalidad de quien se oculta tras un escrito y, de este modo, aprender un poco más de sí mismos y de quienes les rodean.

Primera parte

NOCIONES GENERALES

Algunas notas históricas

La primera observación de la que se tiene noticia sobre las relaciones entre la escritura y la personalidad fue hecha por el escritor romano Cicerón, quien afirmó en uno de sus escritos: «El emperador César Augusto era tan ahorrador que prefería apiñar las palabras al final de un renglón en vez de empezar otro».

Pero, aunque hace más de dos mil años el hombre reparó en la correlación entre la manera en que pensamos y sentimos y la forma en la que escribimos, no fue hasta el siglo XVII cuando se prestó mayor atención a este fenómeno. Y todavía hoy una discusión acerca de la fiabilidad de los análisis de la escritura manual puede provocar reacciones escépticas o incluso sarcásticas.

Los primeros tanteos: Camillo Baldi y Marco Aurelio Severino

El primer grafólogo conocido fue Camillo Baldi, célebre médico y profesor boloñés, quien sentó las bases de esta disciplina en 1622 con la edición de su *Tratado sobre cómo de una carta misiva se conocen la naturaleza y las cualidades del escribiente*. Esta obra era un intento de crear un nuevo método de informe clínico parangonable en cierto modo al que proponía Della Porta en *Sobre la fisonomía*, con cuyo método de análisis posee alguna similitud.

Según Baldo, «es evidente que todos los hombres escriben de una manera determinada y que cada uno imprime en la forma de sus letras un carácter personal de difícil imitación. Si la escritura es lenta y se ejerce mucha presión sobre la pluma, es probable que el escritor tenga una mano dura, pesada y perezosa, por lo que será sensato y conforme al buen sentido suponer que no es muy inteligente ni muy rápido». De este modo, se establecía una relación directa entre la escritura, las características físicas y el temperamento y las cualidades intelectuales del escribiente. En algunos casos incluso, Baldo se atrevió a aventurar una interpretación en la que se contemplasen los atributos morales de la persona a la que se estudiaba: «Si la escritura es rápida y las letras son desiguales, las unas finas y las otras gruesas, podrá concluirse que es desigual en sus actos. Por otra parte, el que tiene una escritura rápida, igual y elegante, hasta el punto de sentir el placer material de escribir, nunca será un científico ni un genio. Raramente brilla por su inteligencia o prudencia quien tanto acaricia su grafía».

Con todo, estas primeras tentativas no llegaron a convertirse en un procedimiento sistemático que permitiera juzgar la escritura de cualquier persona según una tipología de rasgos. Baldo y otros estudiosos de la época se dejaron llevar por la intuición y consideraron el análisis grafológico como una herramienta auxiliar para el estudio de la psicología. Sentaron los primeros criterios de selección y lectura, ya que no todos los escritos podían ser considerados como muestras grafológicas válidas. Así, después de haber indicado otros signos, el médico boloñés añade: «Para adivinar la índole de una persona por su grafía, es menester analizar su escritura verdadera —no la artificial—, sobre todo la de las letras íntimas, y cerciorarse de que ha sido escrita en condiciones normales». Ciertamente, acababa de abrirse una nueva vía para acceder al conocimiento de los aspectos más recónditos del ser humano.

Las investigaciones de Baldo no fueron un fenómeno aislado: casi al mismo tiempo, Marco Aurelio Severino, profesor de anatomía y cirugía de Nápoles, inició la publicación de una obra sobre la adivinación del carácter a través de la escritura (*Vaticinator, sive tractatus de divinatione litterali*), pero murió víctima de la peste antes de poder finalizar su trabajo. A juzgar por los pocos testimonios que nos quedan de él, Severino concebía la grafología como un método que permitía ahondar en el ser humano y desvelar todos sus secretos —no en vano consideraba la interpretación grafológica como un procedimiento adivinatorio—, si bien no tenía ninguna aplicación terapéutica definida, ya que los resultados obtenidos servían para corroborar el diagnóstico del médico antes que para indicar posibles trastornos.

El empeño con el que Baldo, Severino y otros muchos especialistas afirman la necesidad de prescindir de escritos caligráficos no debe ser considerado un capricho; piénsese que en aquella época se había desarrollado enormemente la práctica de diversos estilos de escritura para facilitar la lectura. No eran pocas las personas que trabajaban como escribientes profesionales que conocían a la perfección diferentes modos de escribir según el tipo de documento que fuese necesario presentar. El propio Leibnitz escribió al respecto: «La grafía expresa casi siempre, en una forma u otra, nuestro talante a menos que sea obra de un calígrafo». Por ello, era preciso deslindar las prácticas escriturísticas oficiales de las personales, en un intento de obtener muestras más sinceras de expresión.

Johann Kaspar Lavater y su teoría acerca de la variación emotiva

El célebre Johann Kaspar Lavater, creador de la teoría fisiognómica, afirmó: «La idiosincrasia de un pintor, que se revela en sus cuadros, no puede dejar de traducirse en la grafía». Al hacérsele la objeción de que cualquier persona pudiese variar su manera de escribir cuando quisiera, respondió: «Esa persona actúa, o al menos así lo parece, de mil modos diferentes y, no obstante, todos ellos, incluso los más diversos, tienen la misma huella. La persona más dulce puede dejarse llevar por la violencia, pero esa cólera será siempre la suya propia, y no la de ningún otro. Si colocamos en su lugar a otras personas más vivaces o más tranquilas, no será la misma violencia, ya que su cólera será siempre proporcional al grado de dulzura que posee».

Lavater, siguiendo este razonamiento, fue más allá y aplicó estas distinciones a la escritura: «Así como un espíritu tranquilo puede dejarse llevar en ocasiones por la ira, de igual modo la más bella mano tiene a veces una escritura descuidada. Pero también esta última tendrá un carácter diferente de los garabatos de un hombre que acostumbra a escribir siempre mal. Se reconocerá la buena mano del primero en su peor grafía, en tanto que la escritura más cuidada del segundo dejará adivinar siempre sus garabatos. Estas variaciones en la escritura de una misma persona no hacen sino confirmar nuestra tesis, porque muestra hasta qué punto nuestro estado de ánimo influye también en nuestra escritura. Utilizando la misma tinta, la misma pluma y el mismo papel, una persona escribirá de forma distinta según trate un asunto desagradable o cambie cordiales impresiones con un amigo».

De este modo, Lavater consideró la escritura como un reflejo del estado anímico de las personas en el que podían diferenciarse rasgos permanentes, propios del temperamento individual, y otros de carácter transitorio que eran producidos por la respuesta que daba la persona al entorno. Incluso fue más allá y propuso la existencia de ciertos rasgos nacionales en la escritura, del mismo modo que se suponía que había caracteres nacionales, así como la analogía que se establecía entre el lenguaje, la forma de caminar y la escritura.

La aparición de la grafología moderna: el abate Michon y Crépieux-Jamin

Muchísimos otros estudiosos se interesaron por la grafología como contribución al análisis del carácter, pero el auténtico creador de esta ciencia fue un francés, el abate Michon, cuyo libro *Los misterios de la escritura*, publicado en 1872, fue recibido como una auténtica revelación.

«Los trabajos del abate Michon —escribió otro insigne estudioso a quien tanto debe la grafología, el francés Crépieux-Jamin— tienen gran importancia, pues descubrió un gran número de rasgos significativos que permitieron desarrollar notablemente la grafología».

Se trata, evidentemente, de una declaración harto modesta, sobre todo si se tiene en cuenta que, para resaltar los méritos ajenos, Crépieux olvidó deliberadamente los suyos propios. Si es cierto que Michon halló e ilustró muchos signos y les dio interpretación, no lo es menos que lo hizo sin un método preciso y que fue Crépieux quien los sistematizó. De hecho, buena parte de los criterios intepretativos que se emplean en la actualidad se los debemos a él. No en vano, definió los elementos significativos como aquellos signos cuyas deducciones «conducen a la modificación de un rasgo del carácter correspondiente o a la ilustración de un nuevo estado psicológico».

Cualesquiera que sean los méritos de los investigadores, el hecho cierto es que la grafología, tal como hoy la conocemos, nos permite establecer con bastante fiabilidad los elementos más representativos del carácter de una persona.

Escritura y personalidad

Comencemos con una definición: la grafología es el estudio del carácter de una persona a través de la *mímica* de su escritura. De ello puede inferirse que la importancia del mensaje no radica en el contenido semántico del texto, sino en las características físicas de la escritura. El estilo de la redacción, la corrección ortográfica y el asunto que se expone son, en principio, irrelevantes; lo que debe llamar nuestra atención es el movimiento de los trazos de su escritura, la manera como se desliza en el blanco del papel con su pluma.

El estudio grafológico debe partir siempre de los rasgos físicos del escrito

Por todo ello, podría decirse que la grafología es el estudio de los significados no lingüísticos de un manuscrito: el estudio de los gestos y las expresiones que se reflejan en su caligrafía, la fuerza y la debilidad con la que se ha escrito, la austeridad o el carácter caprichoso de los rasgos de las letras.

De la misma forma que el aspecto de una persona, su manera de moverse y actuar permite hacerse una idea bastante acertada de su manera de ser, puede conseguirse el mismo resultado gracias al análisis de su caligrafía mediante las diversas técnicas interpretativas que ha desarrollado la grafología.

Líneas suaves que acarician o agresivas que pinchan, filigranas, trazos sinuosos, seductores y presumidos, bucles y lazos: cada rasgo es una muestra de nuestro carácter. Una persona activa, inquieta e intensa, llena de negro todo el papel con vivacidad e ímpetu, dominando la escritura sobre el blanco de la hoja. Si por el contrario fuese de talante pausado y apacible, se entretendrá con trazos perezosos y prolongados, dejando muchos espacios en blanco.

EJEMPLOS

Dos ejemplos de escritura donde domina el negro sobre el blanco

> **EJEMPLO**
>
> Si fuera alcalde de Barna
> pondria tantas ordenes en
> trafico, pero no a los coches
> en particular, sino a los
> que circulan no importan-
> doles el projimo, llevandose
> por delante lo que encuentran
> que puedes ser tu.
> Han hecho unas aceras an-
> chisimas solo para aparcar
> motos circular por ellas
> las mismas motos, los ciclis-
> tas y los patinadores. Por
> hoy ya tenemos bastante.
> *Mananta*

Escritura con bucles

Siempre será más real y sincera la comunicación no verbal que las palabras. Viene de muy lejos, cuando el hombre era un primate, y aún hoy, tras un millón de años, es la primera comunicación que establece el bebé con su madre. Las palabras pueden engañarnos, pero no sus gestos —sean escritos o corporales—. Y es la congruencia o incongruencia entre lo verbal y lo gestual lo que nos dará la clave. ¿El mensaje es contradictorio o ambos patrones de comunicación dicen lo mismo? Una persona puede decir que tiene muy buen carácter y su tono de voz y sus gestos ser bruscos o agresivos. Si lo hiciese por escrito, su escritura estará llena de ángulos y pinchará, y sabremos con certeza que no nos dice la verdad.

La grafología estudia el conjunto de la personalidad del escribiente, su intelecto, su evolución personal, su energía y su emotividad, y además informa de la manera en que se relaciona con los demás y de cómo trabaja, qué es lo que le motiva y cómo se siente.

Marginada muchos años por la psicología, en la actualidad vuelve a utilizarse y apreciarse, pues es una valiosa técnica para valorar la personalidad de cada persona.

Mientras que una persona se arregla para una cita o una prueba con su mejor traje, yendo a la peluquería o maquillándose, la escritura no se puede disfrazar. Aunque uno intente alinear los márgenes en el papel o escribir de manera regular —haciendo, en definitiva, buena letra—, siempre habrá trazos y gestos personales que le delaten y que desnuden su verdadera manera de ser.

El hecho de escribir es un gesto inconsciente: el cerebro, el sistema motor, las emociones y la energía personal actúan en sincronía con el brazo y la mano del escritor cuando este traza palabras en un papel.

La escritura es una fotografía del alma, un retrato de la personalidad de un sujeto. En ella se aprecia su nivel cultural, sus mecanismos de defensa, el momento emocional que está viviendo, su grado de madurez, su actitud frente al mundo que le rodea y sus vivencias interiores.

También se aprecia a qué cultura o país pertenece por el estilo de su caligrafía y si es una persona joven o mayor. Hay países que han potenciado, en determinados años, un tipo de caligrafía específica, como la caligrafía Palmer norteamericana.

Asimismo, mediante el grafoanálisis, sabremos si la persona muestra una máscara o siempre es lo que parece, si es tímida y retraída o si por el contrario es audaz y extrovertida.

La grafología despierta curiosidad y, por desgracia, ha llegado a considerarse un pasatiempo intrascendente. Pero es una técnica que permite profundizar realmente en la personalidad individual y puede ayudar a reflexionar sobre uno mismo. Los límites están en el mismo grafólogo, no en la grafología, que siempre está implicada en un proceso de investigación y desarrollo similar al de las otras ciencias.

> **EJEMPLO**
>
> *Confiamos en que al recibo de estas líneas, conque deseamos un rápido y buen restablecimiento, te encuentres en franca recuperación.*
>
> *Un fuerte beso y abrazo para ti y los tuyos,*
>
> *Pensando siempre,*
>
> *Elena y*
> *María Elena*
>
> *(Adjto. carta)   (Fernández)*

Un ejemplo de caligrafía Palmer

> **EJEMPLO**
>
> Me acuerdo de cuando era pequeña que iba a la guardería y no me quería comer la sopa, una señora con una peca muy grande me pegaba en el culete para que me comiera la sopa.

Escritura típica de un adolescente

Segunda parte

APLICACIONES PRÁCTICAS

Posibilidades y ventajas de la grafología

Como ya se ha comentado en los anteriores capítulos, la grafología posee muchas posibilidades y ventajas.

Una de ellas es que permite conocer globalmente las características personales de una persona más allá de su máscara social, algo que no puede conseguirse mediante una entrevista. La escritura no engaña, pues no

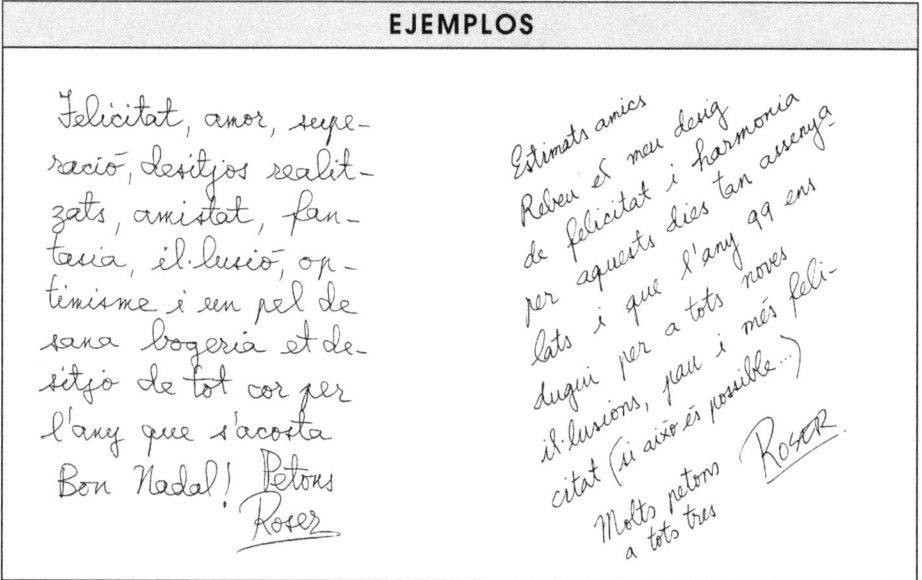

La escritura cambia con el paso del tiempo. Obsérvense estas dos muestras: entre la primera y la segunda han transcurrido seis años

permite que nadie se encubra por mucho que se intente. De hecho, pueden conocerse de forma fiable muchas facetas íntimas a través de un único texto manuscrito.

Por otra parte, no requiere que el autor del escrito esté presente a la hora de realizar el examen, lo cual permite a muchas empresas hacer una primera selección de los candidatos a un puesto de trabajo en función de su manera de escribir la carta de presentación.

Asimismo, puede analizarse también la evolución del carácter de una persona estudiando varios textos que haya podido escribir a lo largo de su vida.

Aunque un análisis grafológico requiere un cierto tiempo, si el grafólogo posee una cierta experiencia y una buena preparación, pueden obtenerse buenos resultados con relativa rapidez.

Así pues, requiere poco material, puede hacerse en cualquier momento y permite una rápida percepción. Sin embargo, como más adelante se detallará, hay que seguir unas condiciones y requisitos previos si se quiere realizar correctamente un análisis grafológico y de forma fiable.

Aplicaciones de la grafología

La grafología y la terapia psicológica

La grafología es muy útil en el campo de la psicología, ya que permite ver cuál es la relación que establece la persona con su entorno.

Tan sólo con un manuscrito del paciente, el psicólogo puede conocer su personalidad y detectar los cambios que experimenta a lo largo de la psicoterapia, así como sus trastornos emocionales, sus ansiedades, sus mecanismos de defensa, su grado de adaptación. Gracias a la interpretación de la escritura de su paciente, puede intuir los problemas que debe solucionar para que este pueda desarrollar todas sus capacidades.

Un ejemplo del test del árbol, la casa y la persona (test proyectivo) a través del cual la persona refleja su mundo inconsciente interior

Aplicaciones de la grafología en medicina

Estas aplicaciones terapéuticas no sólo atañen al ámbito psicológico: no son pocos los médicos que se valen de ellas para detectar en la escritura una alteración somática antes de que se materialice. Gracias a ellas han podido prevenirse episodios agudos de demencia o trastornos cardiacos. Asimismo en el campo psiquiátrico se pueden estudiar alteraciones patológicas tales como la neurosis obsesiva, la esquizofrenia, la depresión o las tendencias suicidas.

EJEMPLO

Yo estoy un poco mejor de mi "depresión" pero aun no salgo sola a la calle, me acompaña mi sobrina.

Escritura típica de una persona depresiva

La selección de personal

Otra aplicación, muy frecuente en la actualidad, es como prueba para la selección de personal. Dentro del campo empresarial, el grafoanálisis es muy útil para escoger entre varios candidatos a un puesto de trabajo determinado, reorganizar departamentos con personal ya existente, e incluso para efectuar promociones o traslados, ya que además de ser una técnica que mide la capacidad intelectual y laboral de una persona, también es útil para detectar problemas emocionales y de relación que interfieran en el rendimiento de un trabajador y en su ambiente laboral.

En estos casos, puede ser muy útil que el grafólogo colabore con el profesional de recursos humanos. Sin embargo, hay que tener en cuenta ciertas cuestiones: su examen no tiene por qué ser decisivo y no debe estar presente durante la entrevista ni es necesario que conozca al candidato; basta con que conozca los requisitos que debe cumplirse, sus datos personales (edad, sexo y currículum) y disponer de un manuscrito reciente.

Muchas empresas de selección de personal recurren al grafoanálisis para contrastar los resultados de la entrevista con los candidatos

Asimismo, también puede darse la posibilidad de que el grafólogo colabore con la empresa y pueda realizar un seguimiento de la persona que interesa.

La grafología, en ciertos casos, puede llegar a dictaminar la «fiabilidad moral» del candidato a contratar y aclarar si puede ser conflictivo o negarse a seguir las normas de la empresa, lo cual supone siempre una gran ventaja.

La orientación laboral

A pesar de lo dicho en el apartado anterior, no debe creerse que el grafólogo está de parte de la patronal. Muchas veces puede participar en sesiones de orientación profesional y estudiar las motivaciones y la personalidad de quienes no saben todavía cuál es el trabajo o actividad profesional o artística que más se adecuan a su manera de ser.

Por ejemplo, una persona extrovertida, inquieta y comunicativa puede deprimirse si debe estar encerrada en un despacho en el que realice tareas administrativas. Tal vez sería más feliz si trabajase como comercial o relaciones públicas. Y por el contrario, una persona que se siente cómoda trabajando con un programa preparado de antemano, que gusta de unos

El análisis grafológico permite establecer cuál es la actividad profesional más adecuada para una persona

horarios fijos y de un espacio seguro, será feliz en un despacho, con su propia mesa y realizando tareas que a otros podrían parecer rutinarias.

Es importante que una persona se sienta a gusto con lo que hace, tanto para su rendimiento profesional como por su propia estima y felicidad personal. En el mundo laboral los beneficios no sólo han de ser económicos.

La grafología en la escuela

El análisis grafológico también es muy útil para pedagogos y educadores, ya que pueden conocer mejor la personalidad de sus alumnos y detectar posibles problemas emocionales que interfieran en su desarrollo. Asimismo, pueden corregirse problemas psicomotores, de lateralidad y lectoescritura.

Muchas veces una escritura distorsionada se debe a un mal uso del lápiz o el bolígrafo. No son pocos los niños que a causa de un mal aprendizaje han sufrido problemas de inseguridad y mala imagen que pueden repercutir negativamente en su vida de adultos. Por ello, es preciso remediarlos en cuanto se detecten.

Las aplicaciones pedagógicas de la grafología pueden ayudar a evitar el fracaso escolar

Si el educador encontrase serios problemas de disgrafía, que es el nombre que recibe la alteración de la escritura, debería realizar una *grafoterapia* a fin de que el niño aprenda cuál es el uso correcto del bolígrafo y del lápiz, así como a escribir correctamente, primero según las pautas de los cuadernos de caligrafía y luego creando su propio estilo. Precisamente, una rama de la psicoterapia recurre a la escritura para eliminar ciertas disfunciones del paciente. Es evidente que una persona escribe de diferente manera según sea su situación anímica.

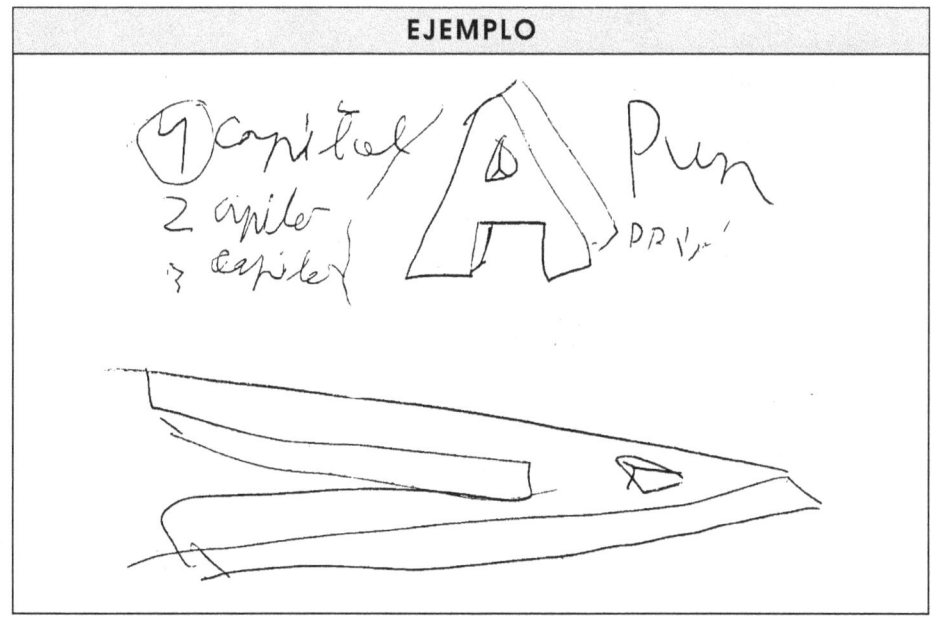

EJEMPLO

Escritura típica de un niño

> **EJEMPLO**

Manuscrito con disgrafía

La investigación judicial y criminal y el peritaje grafológico

La grafología también tiene una presencia notable en el ámbito judicial, aunque es preciso aclarar que el examen de peritaje grafológico que suele hacerse en ciertas investigaciones no se corresponde con el que hemos visto hasta ahora. Cuando interesa comprobar si una firma es auténtica, no se interpretan sus rasgos, sino que tan sólo se comparan con otros. En estos casos se estudia además la presión, la forma, los temblores y vacilaciones de la mano, el tamaño, etc. Para convertirse en un experto es preciso cursar estudios de especialización y disponer de un material óptico específico. No todos los grafólogos son peritos calígrafos.

Los análisis grafológicos judiciales tampoco guardan demasiada relación con los que se realizan en el transcurso de investigaciones criminales. El estudio de estas técnicas es muy útil para aquellas personas que trabajan en comisarías y juzgados, ya que les permite detectar la personalidad delictiva y centrar las pesquisas en un sospechoso u otro.

Tercera parte
METODOLOGÍA

El análisis grafológico

El análisis grafológico o grafoanálisis es un procedimiento complejo que requiere un cierto tiempo. No basta con echar una ojeada a un escrito cualquiera para dictaminar el carácter y los posibles problemas o trastornos de su autor. Quienes consideran la grafología como un arte adivinatorio están completamente equivocados. No hay que confundir la interpretación del experto, basada en criterios firmes, siempre sometidos a revisión, con las ocurrencias que pueda expresar una persona tomando como punto de partida un escrito.

En consecuencia, el grafólogo deberá estudiar en conjunto la prueba y valorarla según unos criterios establecidos. De este modo podrá dictaminar si es positiva o negativa y si muestra indicios de energía vital y libido.

Acto seguido, intentará adscribir la muestra en función del orden, la forma y el tamaño de las letras y determinará el género gráfico al que pertenece. Además, pondrá especial atención a la dirección e inclinación de las palabras, medirá el grado de presión y su velocidad, y observará el grado de continuidad en las mismas.

En tercer lugar, confrontará sus observaciones con las distintas tipologías para establecer el temperamento predominante del autor y establecer si tiende hacia la introversión o hacia la extroversión y cuál es su capacidad de reacción ante los estímulos que recibe.

Por último, el grafólogo deberá estudiar la relación que guarda el texto con la hoja de papel, las características de la firma y observar letras reflejas.

Todos estos pasos deben seguirse escrupulosamente, ya que cada uno de ellos permite vislumbrar un aspecto diferente de la personalidad del autor. Si se sigue el procedimiento por este orden, podrá apreciarse cómo su carácter se irá definiendo poco a poco y aquellas partes más recónditas salen a la luz.

Requisitos previos

La base de todo análisis grafológico es un manuscrito reciente cuya extensión puede ser variable (no es preciso que sea demasiado largo).

Lo mejor es que haya sido redactado de manera espontánea, pues de lo contrario la persona puede inhibirse y crear de manera intencionada una muestra que falsee su carácter. Además, es preciso advertir a quienes vayan a facilitar el escrito que este sea lo más corriente posible, sin una caligrafía muy elaborada o ilegible por completo, a menos que su autor suela hacerla habitualmente.

A la hora de practicar, más de un grafólogo en ciernes puede verse tentado de emplear sus propios escritos. Puede hacerse, pero ni el análisis ni los resultados deberán tenerse en cuenta hasta que haya adquirido una notable experiencia. También puede trabajar con los de amigos, familiares o conocidos y contrastar sus deducciones con ellos, pero es preciso tener presente que el examen será mucho menos objetivo que si lo realizase con muestras de autores desconocidos.

La muestra deberá estar escrita sobre una hoja de papel blanco sin pautar —pues de esta manera podrá evaluarse el grado de inclinación de las líneas— y, a ser posible, con una pluma estilográfica o un bolígrafo antes que con un lápiz, ya que la presión se aprecia mejor. Las fotocopias no valen, ya que en caso de recurrirse a ella, muchos aspectos importantes pasarán desapercibidos, como, por ejemplo, el útil empleado (rotulador, pluma o bolígrafo de punta gruesa o fina) y el color (rojo, negro, azul) que suele escogerse a tal efecto.

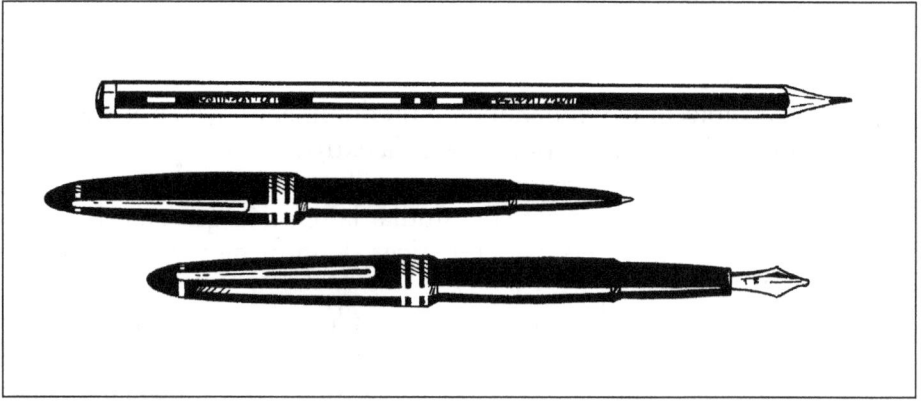

El lápiz no es el mejor utensilio para redactar una muestra grafológica: son más adecuados el bolígrafo y la pluma estilográfica

También es importante conocer de antemano los datos personales del autor: su nombre, su sexo y su edad, porque de este modo podrá partirse con un cierto conocimiento de causa y se evitarán conclusiones equivocadas o sin fundamento. Todo grafólogo debe tener en cuenta que la escritura, en principio, es asexuada, a pesar de que las mujeres suelen tener una escritura más redondeada y los hombres más angulosa. Sin embargo, estas características son muy poco reveladoras de lo que siente una persona. A la hora de realizar el análisis, el experto no puede dejarse llevar por prejuicios y concepciones tan superficiales, ya que acabaría por invalidar todas sus conclusiones. Es más: después de conocer el nombre del autor o autora del escrito, no será de recibo dirigir el examen en función de su sexo, pues la argumentación acabaría por convertirse en una repetición de los tópicos acerca de la feminidad o de la masculinidad que circulan en nuestra sociedad. Hay que tener en cuenta que en la actualidad tanto los hombres como las mujeres tienden a potenciar ciertas características que podrían considerarse andróginas. Por todo ello, no se puede adscribir al autor del escrito a una imagen abstracta de hombre o mujer y mucho menos intentar averiguar cuál es su orientación sexual.

Por lo que respecta a la edad, tal vez su caligrafía pueda dar alguna orientación, aunque es prácticamente imposible adivinarla con exactitud, ya que la armonía del trazo no depende tanto de la madurez física o mental cuanto de la pericia a la hora de tomar la pluma estilográfica o el bolígrafo. Un mal aprendizaje puede ser el causante de una letra irregular. Si además el autor sufre de algún trastorno psicológico o bien su temperamento no ha sido correctamente canalizado, su escritura sufrirá algún tipo de alteración.

Por otra parte, tampoco puede conocerse a partir de una muestra escrita si el autor pertenece a un grupo étnico determinado, aunque en algunos casos puede intuirse la nacionalidad o la edad según el tipo de caligrafía al que recurra. Hasta hace unos años, en muchos países occidentales se imponía un determinado modo de escribir y no es extraño ver cómo los escritos de nuestros abuelos presentan unas ciertas similitudes formales. Sin embargo, que una persona recurra a un estilo caligráfico determinado no es demasiado relevante: la personalidad no aflorará a través de unos rasgos fijados de antemano, sino a través de las variaciones que el autor haya realizado y que aparecerán siempre que escriba, sea cual fuere el estilo que adopte.

En aquellos casos en que el examen forme parte de un proceso de selección de personal, sería preciso conocer, además, otros datos, como sus estudios y profesión y el tipo de categoría laboral a la que aspira el candidato. Si además tuviese algún defecto físico o enfermedad importante sería también interesante reseñarlo, ya que muchas veces la caligrafía se ve notablemente alterada en estos casos.

También es importante saber si la persona es diestra o zurda, pues la preferencia lateral izquierda de los zurdos puede provocar gestos gráficos especiales que confundan al experto y le lleven a conclusiones erróneas.

También cabe resaltar que en el manuscrito que se debe analizar ha de figurar la firma del autor, ya que es un elemento muy importante, por no decir la clave, del análisis grafológico.

En cuanto a la longitud del manuscrito, en general bastará con unas diez líneas y la firma.

La lupa es muy útil para el análisis grafológico

Para llevar a cabo el trabajo, no se requiere un equipo demasiado sofisticado; con una regla y una lupa de aumento puede realizarse un estudio sin ningún tipo de complicaciones.

La importancia de la primera impresión

Una vez se tiene delante el escrito que debe analizarse, y antes de comenzar por un estudio pormenorizado de cada uno de sus rasgos, habrá que observarlo detenidamente y anotar la primera impresión que se obtiene al verlo en conjunto. De este modo podrá establecerse si es armónico o confuso, si posee viveza o es monótono, si el tipo de escritura es muy personal o se inspira en algún estilo caligráfico, etc. Incluso puede anotarse si agrada o desagrada, no en función de unos criterios estéticos, sino del ánimo. Muchas veces la primera impresión, si se sabe interpretar, permite desarrollar el estudio con mayor seguridad.

El primer vistazo, pues, debe ser lo suficientemente atento como para captar la esencia del escrito, no a partir de su contenido, sino de su melodía y ritmo de conjunto, como si se tratase de una sinfonía. Es muy importante resistirse a la lectura del texto y centrarse sólo en sus gestos y su formas. La escritura, en ese primer momento, debe ser indescifrable. Lo importante es la materia, el trazo continuo o discontinuo: la huella del gesto. El grafoanálisis, en cierto modo, puede considerarse un estudio de la mímica y la expresión de una persona más allá de sus palabras. Alguien puede decir: «Me siento muy bien» y captar en su tono de voz crispado y su expresión facial tensa una contradicción con el mensaje verbal, que no es sincero.

La grafología intenta conseguir lo mismo, pero estudiando las marcas que han dejado esos gestos, en un intento de obtener una interpretación unitaria de rasgos aparentemente contradictorios e inconexos.

Esta primera valoración de un texto manuscrito, en resumidas cuentas, equivale a la primera impresión que se obtiene tras un encuentro o entrevista personal. No obstante, aunque por todos es sabido que esta impresión es la que condiciona la consideración que se tiene de una persona, en el análisis grafológico no debe ser determinante; por ello debe pasarse inmediatamente al estudio pormenorizado de los detalles más significativos.

Positividad y negatividad

Tras este primer vistazo, habrá que evaluar el escrito positiva o negativamente.

Antes de hacerlo, habrá que tener en cuenta que las cualidades estéticas y la impresión positiva grafológica de un texto no es lo mismo. Una escritura puede ser muy cuidada y bonita, pero artificial y convencional, mientras que otra más irregular y extraña será más interesante por su viveza y carácter.

Un texto positivo indica que su autor se adapta bien a su entorno y posee una idea bastante mesurada de sí mismo, sin patologías ni conflictos graves. Por el contrario, un texto negativo advierte de los posibles problemas de adaptación que puede padecer su autor y de las repercusiones que puede tener en su personalidad.

No obstante, hay que considerar la positividad y la negatividad como criterios orientativos, no como valores determinantes de la persona. No puede emitirse ningún veredicto a partir de ellos, pues en la mayor parte de los casos no llegan a manifestarse por completo en un texto, sino que suelen combinarse casi a partes iguales (esto es, un 50 o un 60 %). La importancia de este primer análisis radica precisamente en la predominancia de uno sobre el otro y en la relación que se establece entre ellos. Para ello, hay que tener en cuenta la presencia de determinados elementos gráficos y la intensidad y la frecuencia con la que aparecen en el texto. No es lo mismo un escrito en el que haya sólo una tachadura que otro en el que haya muchas; ni tampoco uno en el que una pequeña mancha de tinta afea una letra que otro en el que los rasgos son desmañados y pastosos.

En la tabla siguiente figuran todas las características que debe tener en cuenta un grafólogo para determinar la positividad o negatividad de un escrito.

POSITIVIDAD Y NEGATIVIDAD

Positivo	Negativo
Óvalos abiertos y emes y enes en forma de úes	Óvalos cerrados y emes y enes en forma de arco
Escritura clara	Escritura confusa
Escritura ligada o agrupada	Escritura desligada
Escritura proporcionada	Escritura desproporcionada
Respeto entre líneas	Invasiones de líneas
Sobriedad: las letras se limitan a sus trazos identificativos	Complicada o artificiosa, con excesivos adornos
Inclinada (a la derecha)	Recostada (a la izquierda)
Ágil y rápida	Lenta y retardada
Limpia	Sucia (tachones, óvalos cegados, descargas de presión)
Firma parecida al texto	Firma distinta al texto y rúbrica complicada

Se puntúa de 0 a 3 cada uno de los elementos de la tabla, se suman los resultados de cada columna y se obtienen los porcentajes. De este modo, se puede determinar la positividad y la negatividad en un escrito.

Estos primeros datos son los que van a dar las pautas para el posterior estudio. Si el escrito en cuestión es positivo, claro y ordenado, es muy posible que el autor haya obrado espontáneamente, como en cualquier otra actividad cotidiana, lo cual lleva a pensar que se trata de una persona bastante bien adaptada a su medio. Si, por el contrario, la escritura es artificiosa, posiblemente sufra de alguna incompatibilidad con su entorno. Su deseo de lograr una expresión adecuada (de ahí las tachaduras o borrones) y conferir a su caligrafía cierto garbo y artificiosidad indican que el autor tal vez se encuentre poco satisfecho de sí mismo y desee ocultarse tras una imagen distorsionada de lo que le gustaría ser.

> **EJEMPLO**
>
> *yo intimo cordial y afectuoso, pero el ambiente le contiene y reprime temor a defraudar o a decepcionar*
>
> Mª C. Arias

Escritura positiva

> **EJEMPLO**

Escritura negativa

Una vez que se haya determinado la positividad o negatividad del texto y se hayan extraído las primeras conclusiones, se proseguirá con el estudio.

La energía vital o libido

Es muy importante que el concepto de energía vital sea comprendido perfectamente por el grafólogo. A pesar de las connotaciones que puedan tener las palabras *energía* y *vital*, no debe entenderse como algo evanescente y sobrenatural. En grafología, al igual que en psicología, la energía vital es el potencial energético con el que cuenta una persona para desenvolverse en un medio. Con frecuencia toma el nombre de *libido*, aunque no en su sentido freudiano —es decir, como sinónimo del impulso sexual.

La libido depende en su mayor parte de la predisposición genética y tipológica de una persona, ya que es un producto de su biodinamismo, de donde se infiere que no sólo es importante ese potencial en sí, considerado en abstracto, sino también su utilización en todas las actividades que desarrolla su poseedor. En otras palabras: una persona puede tener una libido más fuerte o más débil, y además canalizarla de una manera constante o inconstante. Los resultados que se obtengan del rendimiento laboral y la manera en como se experimenta la vida personal dependen en buena parte del modo de aprovechar este potencial.

Sin embargo no existe una tipología de libido que pueda aplicarse con exactitud. A primera vista, puede parecer que lo idóneo sería que una persona poseyese mucha energía vital y la aplicase en su trabajo cotidiano, pero es muy difícil conseguirlo, sobre todo si se está acostumbrado a dispersarla. En cambio, quizás una persona con una libido más débil trabaje mejor, ya que puede domeñarla y canalizarla de la manera que más le convenga. No puede incrementarse el nivel de libido y apenas es factible cambiar por completo los hábitos de un ser humano, sobre todo si es maduro. Lo mejor será buscar pautas que permitan identificarla, observar si existe alguna alteración que pueda controlarse y tomar medidas al respecto.

Una persona con una libido fuerte cuenta con un alto potencial energético, es vital, activa y emprendedora. Esto puede apreciarse grafológicamente, ya que por lo general el trazo de su escritura es firme y

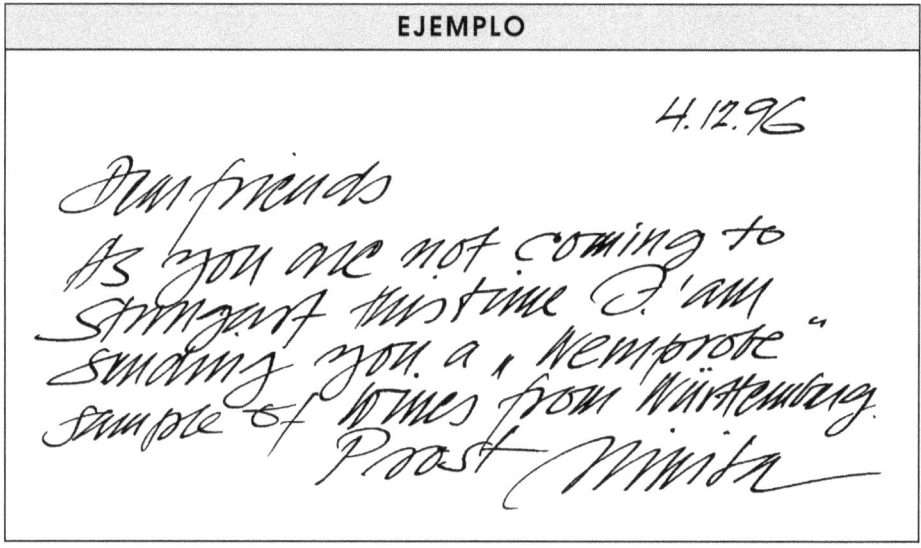

Escritura propia de una persona de libido fuerte

nutrido, con un cierto relieve, la zona descendente de las letras está bien dibujada y suele ser de un tamaño un poco más grande de lo normal.

Una persona con una libido débil posee poca vitalidad y energía. Su escritura es de trazo flojo y poco presionada, con la parte descendente de las letras inacabada y en general temblorosas o fragmentadas.

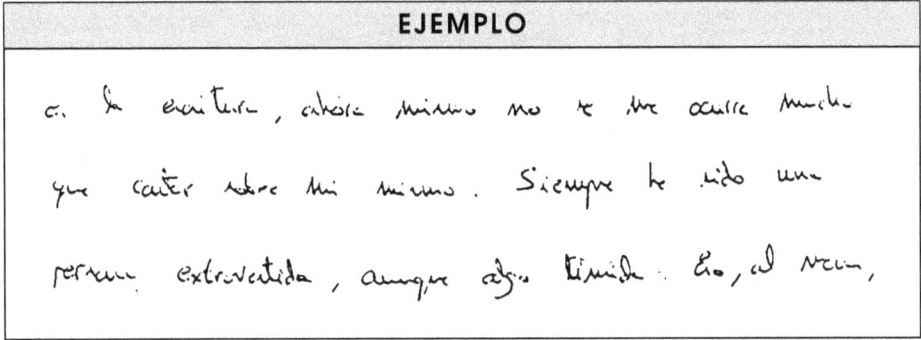

Escritura propia de una persona de libido débil

LIBIDO	
Libido fuerte	**Libido débil**
Trazo firme	Trazo débil o blando
Escritura grande	Escritura pequeña
Nutrida y con relieve	Ligera o tenue
Formas precisas	Formas fragmentadas o temblorosas
Jambas (parte descendente de letras como la jota)	Jambas inacabadas bien hechas
Líneas rectas o ascendentes	Líneas descendentes

Al igual que en la tabla anterior, cada ítem vale de 0 a 3 puntos. Las puntuaciones de cada columna se suman y se calcula el porcentaje.

Para mirar la continuidad o discontinuidad con la que se canaliza la libido, habrá que observar si hay líneas serpentinas, la manera de organizar la página y si hay cambios de presión en la escritura.

> **EJEMPLO**
>
> *Cuando cuido mi escritura el resultado me gusta, pero cuando escribo la lista de la compra nadie la entiende, ni yo misma. Tengo dos caras; la buena y la mala, o quizá es que no hago nunca dos letras iguales.*

Escrito que denota la canalización constante de la libido

> **EJEMPLO**
>
> *¡Hola! Soy Pedro fernandez Nacido en Badajoz, llevo 38 años en Sabadell mis aficiones son el Futbol, petanca, Tambien me gusta el Cante flamenco,*

Escrito que denota la canalización inconstante de la libido

Los géneros gráficos

Después de la valoración del conjunto gráfico, para buscar su armonía, positividad, negatividad y energía, habrá que realizar un análisis más detallado de diversos aspectos importantes en el grafoanálisis, con el fin de determinar ciertas facetas de la personalidad que intervienen de modo decisivo en el proceso de adaptación de la persona al medio.

Estos aspectos que forman en la práctica una sola entidad organizada, se denominan *géneros gráficos*. Son ocho:

— orden;
— forma;
— tamaño;
— dirección;
— inclinación;
— presión;
— velocidad;
— continuidad.

El orden

Se refiere a la manera como organiza una persona la página, es decir, el modo ordenado o desordenado de presentar el escrito sobre el papel.

Un manuscrito bien presentado indica una gran claridad mental y una buena capacidad de planificación, de organización y concentración.

En la tabla de la página siguiente puede verse el baremo que debe seguir el grafólogo para evaluar el grado de orden de un escrito.

Cada valor recibe una puntuación del 0 al 3, se suman los resultados de cada columna y se obtiene el porcentaje.

ORDEN

Armonía entre las partes	Confusión
Separación adecuada entre letras, palabras y líneas	Invasión de letras, palabras y líneas
Márgenes bien distribuidos	No hay márgenes
Puntuación y acentuación esmeradas	Puntuación y acentuación descuidadas
Estructuración del texto mediante párrafos	Ausencia de párrafos
Concentración (aun siendo legible, predomina el negro)	Extensa (predomina el blanco del papel sobre el negro)

EJEMPLO

It has been fantastic to meet up with you again, after two and a half years. How things change!! Patrick is just gorgeous – simply adorable. I think I'll take him back to Sheffield with me!!

You look great, Eli, motherhood obviously agrees with you. It's lovely, too, seeing you looking so well and so incredibly happy.

I think the flat is like a palace ... it's huge. I hope you, Patrick & Jordi spend many healthy, happy years here.

Much love,
Dolores

Escritura ordenada

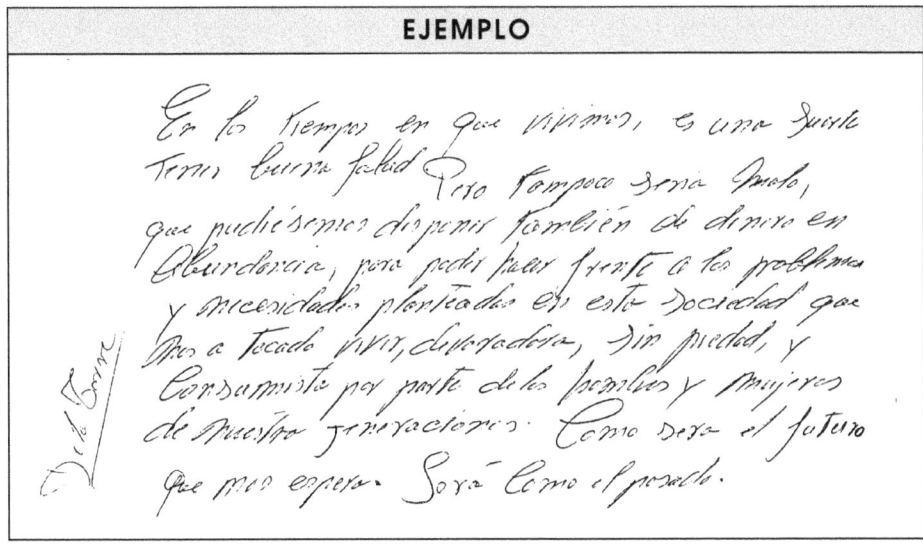

Escritura desordenada

La forma

Tal como indica su nombre, este aspecto se refiere al dibujo de las letras.

Si la escritura en cuestión presentase una cierta ornamentación, su autor o autora será imaginativa. Además, una caligrafía de este tipo es mucho más expresiva y atractiva que otras más sencillas y sobrias que indican una visión interior, práctica y concreta de la vida.

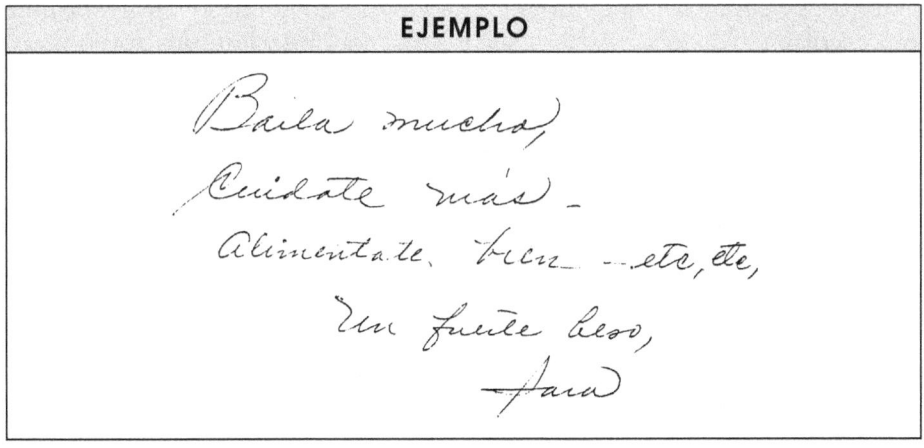

Escritura adornada

> **EJEMPLO**
>
> *En el mes de diciembre pasado volví a Egipto. La primera vez fui hace cuatro años. Me fascina este país. No entiendo nada de arte egipcio pero me atrae extraordinariamente. Creo que, mientras pueda, seguiré yendo. No me canso de ver, una y otra vez, el inmenso tesoro que tienen allí de hace miles de años.*

Escritura sobria

La forma está muy relacionada con la actitud de la persona y la manera en que se expresa y se muestra a los demás. Asimismo indica su voluntad de adaptarse de la mejor manera posible al medio que le rodea. De este modo, gracias a la ornamentación de un escrito puede aventurarse si una persona es de un talante tradicional y conservador o bien si sus criterios son abiertos, personales e innovadores. Cuanto más caligráfica y tipográfica sea una escritura, más se aferrará su autor a los modelos y criterios aprendidos.

> **EJEMPLO**
>
> *Tengo un perro que se llama Boira i que suca mucho pelo. Siempre tengo que sacarla por la mañana, por que mi hermana tiene mucho morro.*
>
>

Escritura caligráfica, propia de una niña de 11 años

> **EJEMPLO**
>
> Moltes felicitats per aquest nen tan
> maco que portaràs.
>
> Msabaté

Escritura con rasgos personales

Por el contrario, cuantos más rasgos personales tenga, su visión de la realidad estará menos mediatizada y se apartará de los tópicos imperantes.

Asimismo, una escritura redondeada indicará un talante pacífico y reposado. Su autor no tendrá ningún problema con el entorno, al cual se adaptará perfectamente. Una escritura angulosa, por el contrario, indicará un carácter inflexible, tenaz y obstinado que muchas veces puede ocasionar serias dificultades de adaptación. Sin embargo, ni el primer tipo ni el segundo pueden encontrarse en estado puro en un escrito, lo cual, si fuera posible, sería contraproducente para la persona, ya que dos temperamentos tan extremados le ocasionarían un serio desajuste con el entorno.

Por otra parte, es preciso que el grafólogo, a la hora de hacer el examen de la forma de una escritura, no se deje llevar por las nociones abstractas: los resultados de sus análisis siempre serán relativos, aproximados; servirán para describir la personalidad del autor de un escrito, pero por sí mismos no podrán diagnosticar trastornos o actitudes a los que deba ponerse freno.

La interpretación depende una vez más de las relaciones que mantienen todas las formas con el conjunto, de la presencia que adoptan en el escrito, de la frecuencia con la que aparecen y la intensidad con la que se han realizado. Cuanto más redondeada sea una escritura más se acentuarán sus rasgos afables y cuanto más angulosa, mayor será la agresividad y la rigidez que indiquen.

A continuación, puede verse una tabla en la que se detalla el baremo que debe seguir el grafólogo a la hora de dictaminar cuáles son las formas predominantes en un escrito y lo que estas implican.

> **EJEMPLO**
>
> Desde hace unos meses puedo disputar o sufrir el tener un animal en casa, un perro concretamente que le llamamos Pyros, es un "gos d'atura" de un año de edad y que escogieron mis hijos porque decían les hacía mucha ilusión tener un perro pero se les olvidó esto y ahora estamos luchando con el Pyros todo el día, se come las plantas, te persigue donde vayas para jugar, no podemos salir de fin de semana,... aunque también te proporciona buenos momentos como compañía para caminar por la montaña o solo estar a tu lado.
> Es un conflicto-problema que solo durará 15 años.
>
> *Josep Aluja*

Escritura redondeada

> **EJEMPLO**
>
> Hola chicas del programa, soy Carmina, una chica que le gustaría invitaros para pasar un rato divertido con vosotros.

Escritura angulosa

FORMAS	
Adornadas o complicadas	Sencillas y sobrias
Angulosas	Redondeadas
Caligráficas	Personales

En esta tabla, a diferencia de las demás, no se establece una puntuación, ya que en este caso no se trata de averiguar la incidencia de los rasgos de la primera columna respecto a los de la segunda mediante el porcentaje, sino observar cuál es la tendencia dominante y cuáles son las características de un escrito con el fin de recabar más información para definir el perfil psicológico de su autor.

El tamaño

El estudio del tamaño, en grafología, se centra en la dimensión de las palabras o letras de un texto, sin tener en cuenta la relación que guardan con el espacio.

El tamaño de la escritura, según el análisis grafológico, está directamente relacionado con la necesidad de expansión que tenga una persona, el grado de autoestima que posea y la imagen que se haya hecho de sí misma.

En términos generales, una escritura se considera de tamaño mediano o normal cuando el cuerpo medio de las letras sea de unos 3,5 mm; será pequeña cuando mida menos de 2 mm y grande cuando sobrepase los 5 mm.

Una escritura pequeña indica que la persona es muy detallista y meticulosa, y presta mayor atención a los detalles que al conjunto. Muchas veces es difícil entablar una relación con ella, pues su susceptibilidad puede provocar numerosos roces, aunque también suele ser atenta y generosa con las personas que aprecia. Es muy penetrante y observadora, pero también de un perfeccionismo que puede convertirse en obsesivo. Sin embargo, quien escribe con letra pequeña tiende a encerrarse en sí mismo: es introvertido y silencioso. Pocas veces se decide a proponer un proyecto o a dar su opinión ante los demás si no son de su confianza. En los casos más agudos, suele valorarse poco y llega a desarrollar complejos de inferioridad.

> **EJEMPLO**
>
> *[Texto manuscrito:]* Estimada Tierra ¿Qué estamos haciendo contigo? ¿Durante cuánto tiempo tendrás que aguantar la mayoría de las atrocidades que cometen los humanos, en contra de tu delicado equilibrio. Espero y confío que esta especie inteligente se dé cuenta prontamente de sus errores y rectifique a tiempo. Es preciso desarrollar una tecnología que sea compatible con el medio ambiente, de hecho los medios tecnológicos ya existen, sólo hace falta voluntad política.
>
> Hay que el poder pase de tenerlo que dar cada uno de nosotros, replanteándonos seriamente cual es nuestra misión en este mundo. Es preciso renunciar a planteamientos egocéntricos y materialistas que no nos llevan a ningún sitio. Pensemos que vivimos en un mundo interconectado, no podemos presumir de él.
>
> La misión del hombre en la Tierra tiene que ser constructiva e integradora, ya que todos formamos parte de un organismo que para que funcione correctamente necesita de cada uno de nosotros. Si hacemos algo por él, nos lo devolverá con creces. Las palabras y buenas intenciones se las lleva el viento, en cambio los buenos hechos permanecen, florecen y dan sus frutos en el fin de los tiempos.

Escritura muy pequeña

> **EJEMPLO**
>
> *[Texto manuscrito:]* Atención: para poder leer correctamente la siguiente ilustración debes,
> - Acercarte a 10 cm de la hoja
> - Ponerte las gafas si lo necesitas
> - Si a pesar de haberte puesto las gafas y haberte acercado sigues sin poder leer correctamente, no te preocupes, este no es tu problema es el mío.

Escritura pequeña

En cambio, una persona con una escritura grande puede captar mejor un hecho determinado en conjunto que en detalle y suele poseer un carácter más apacible y tolerante, pues es capaz de ponerse por encima de las circunstancias y disculpar los malentendidos que pudiesen surgir en su trato con los demás.

Sin embargo, no todo es tan sencillo. La tolerancia puede convertirse a veces en soberbia, de manera que la persona en cuestión se considere superior a las que le rodean y las trate con una cierta indiferencia. Quienes escriben con una letra de tamaño grande suelen valorarse muy bien, pero pueden caer en un egocentrismo más o menos agudo según el caso. Su necesidad de expansión es notable: a menudo se convierten en personas dominantes que desean imponer sus puntos de vista por encima de los demás. El tamaño desmesurado de la letra puede entenderse en estos casos como una manera de llamar la atención.

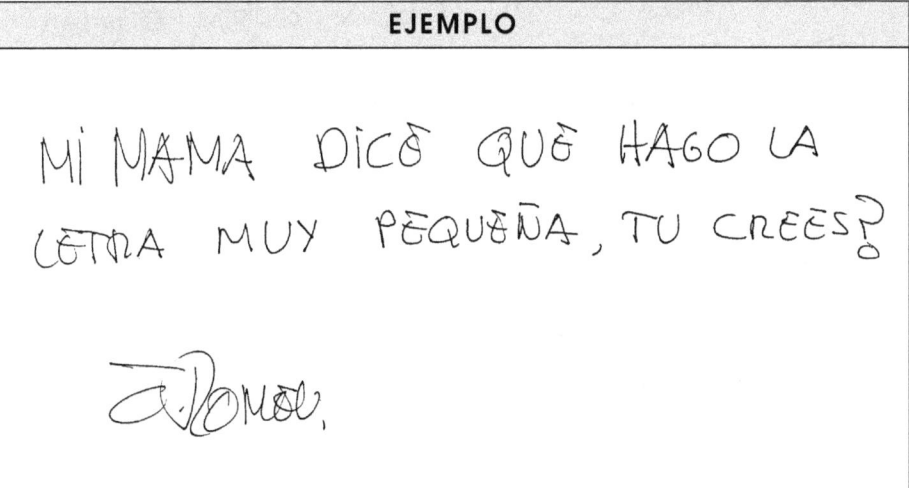

Escritura grande

La escritura de tamaño mediano, por otra parte, aunará ambas tendencias, ya que en cierto modo las compensa y equilibra. Sin embargo, no debe confundirse con la idea de un justo medio. Escribir de esta manera no implica necesariamente haber alcanzado la paz espiritual. De hecho, el margen de clasificación es lo suficientemente amplio como para englobar caligrafías que se aproximan a una categoría o a otra. Con todo, si se la compara con las otras dos, indica una necesidad de expansión más mesurada y una apreciación más ajustada a sus capacidades y sus limitaciones.

EJEMPLO
Sabadell, 28 de Mayo de 1999 Hola, mi nombre es Consol Vila, tengo 25 años y hace dos que estoy casada. Antes de venir a Sabadell, vivía en Sant Llorenç Savall y siempre que tengo un momento, me gusta pasarlo allí. Ahora, estoy esperando a mi primer hijo, se llamará Sergi y si todo va como hasta ahora, nacerá a finales de Agosto. 

Escritura de tamaño medio

Otro aspecto de este género gráfico está relacionado con la escritura sobrealzada y rebajada.

La escritura sobrealzada es aquella donde la parte alta de las letras (como puede verse en las des, eles y tes) y las mayúsculas son desproporcionadas respecto a la parte baja, siendo por lo menos tres veces más altas que la parte media de las letras, u óvalo (como el de las oes, aes y des).

La escritura rebajada, por el contrario, es aquella en que la parte alta de las letras no llega a medir el doble del tamaño del óvalo.

La escritura sobrealzada indica una tendencia hacia caracteres idealistas y fantasiosos. Quien escribe de esta manera suele albergar muchos proyectos y se pasa buena parte de su tiempo ideando nuevas soluciones para problemas que tal vez no existen. Si la desproporción está en las mayúsculas, es muy posible que en algunas ocasiones su autor tienda a sobrevalorarse respecto a los demás y llegue a ser un tanto arrogante y orgulloso.

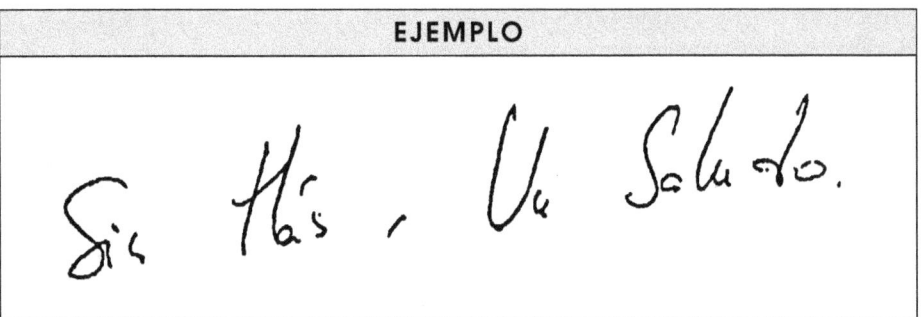

Escritura sobrealzada

La escritura rebajada indica en cambio naturalidad y sencillez. La persona que suele escribir de esta manera acostumbra a ser afable y silenciosa. Nunca se pronuncia sobre nada y trabaja con paciencia y tesón. Sin embargo, muchas veces, quien escribe de esta manera no se valora y tiende a ser taciturno e incluso sumiso. Si la desproporción es muy acentuada, es posible que albergue algún complejo de inferioridad.

Escritura rebajada

Asimismo una escritura puede ser de tamaño uniforme o desigual.

El tamaño uniforme indica que el autor del escrito suele ser constante y estable, siempre y cuando se trate de un texto positivo, o bien que su carácter sea tenaz e inflexible si el texto es negativo. Como puede verse, la importancia que puede tener una característica propia de un escrito viene determinada siempre por la relación que guarda con las demás.

Una escritura es desigual cuando se aprecian en ella variaciones de tamaño o inclinación muy marcadas. La mayor parte de las veces este rasgo indica que la persona tiende a fluctuar a la hora de valorarse, gustándose en unas ocasiones y sintiéndose insegura en otras. Sin embargo, no sólo indica el grado de aceptación que puede tener alguien hacia sí mismo; también puede avisar de que la persona pasa por crisis de introversión y extroversión periódicamente.

EJEMPLO

No llores porque uo puedas ver la luz del sol, porque tus lagrimas uo te dejarau ver las estrellas.

Escritura de tamaño uniforme

EJEMPLO

Estoy en Bacelona tomadoce copa, luego re ire a tomar otre copa..

Escritura de tamaño variable

A la hora de tener en cuenta este último aspecto, el grafólogo debe comprobar si la escritura es gladiolada o creciente.

La escritura gladiolada es aquella que se va volviendo más pequeña a medida que avanza, dibujando una especie de gladiolo. La diferencia entre la letra inicial y la que precede al punto final puede llegar a ser en algunos casos muy notable. No se trata de un defecto, ni del aviso de un posible trastorno. A pesar de lo que pudiese pensarse a primera vista, quien escribe de este modo no tiene por qué ser una persona insegura y retraída. El ritmo decreciente indica por el contrario que suele ser proclive a la introspección y estar dotada de una sutileza, una sensibilidad y una agudeza de ingenio por encima de la media.

EJEMPLO

Escritura gladiolada

La escritura creciente es todo lo contrario: sus letras van aumentando de tamaño al final de la palabra o la línea. Podría interpretarse como la representación gráfica de la voluntad del autor de expandirse y hacerse valer, de conseguir que todos le tomen en cuenta, aunque no siempre lo consiga. La escritura no puede entenderse nunca como la confirmación de un objetivo alcanzado. Muchas veces, por no decir siempre, en sus rasgos se ocultan los deseos más íntimos, las insatisfacciones más inconfesables. El acto de escribir es doblemente expresivo: por un lado se comunica un sentido, se informa de algo; por otro, se vuelca la emotividad de una manera irracional, a través de los trazos de las letras.

A continuación, puede verse en la tabla adjunta el baremo que el grafólogo debe seguir para convertir sus impresiones en datos objetivos.

EJEMPLO
Te gusta el deporte, la lectura, viajar, cine y sobre todo la música. ya que soy Técnico de sonido y Disc-jockey.

Escritura creciente

No se asignarán valores numéricos a estas cualidades, ya que la interpretación que se obtenga debe complementar las anteriores e indicar el camino que debe seguir el grafólogo para construir el perfil psicológico.

TAMAÑO	
Grande	Pequeña
Sobrealzada	Rebajada
Uniforme	Desigual
Gladiolada	Creciente

La dirección

La dirección es el modo de organizar un escrito sobre la página. Se relaciona directamente con el estado de ánimo de quien escribe, su adaptación al entorno y su capacidad de iniciativa y voluntad.

Mediante su estudio se puede averiguar si la persona canaliza su energía de forma continua o discontinua. Para ello, debe seguirse la línea recta apuntada por los renglones. En algunos casos será necesario recurrir a la regla.

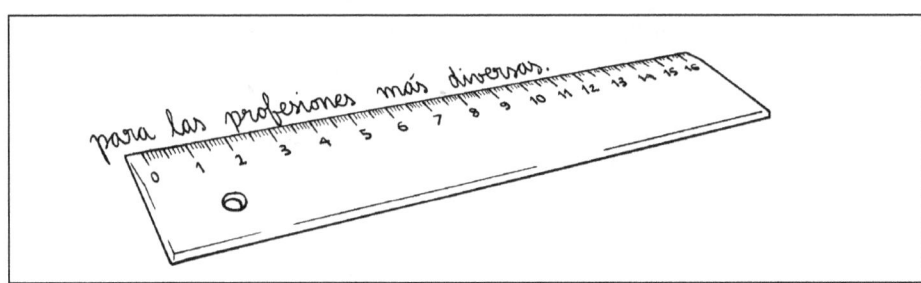

La regla es una herramienta indispensable para evaluar la dirección de un escrito

Cuando la escritura de una persona es horizontal y sigue una línea recta, puede interpretarse como un signo de equilibrio emocional. El autor o la autora en estos casos denota una gran tranquilidad y una satisfacción con sus objetivos y su manera de pensar.

No obstante, no es bueno que sea demasiado recta, ya que de lo contrario indicará que no se permite ni un pequeño baile ni un salto en sus letras y que alberga una tendencia, a veces obsesiva, hacia lo rutinario y lo monótono. Por lo que la persona que escriba de esta manera podrá ser muy conservadora, amante del orden y poco amiga de sorpresas y aventuras.

EJEMPLO

Tengo una hija que es un terremoto se llama Mónica, todo el día detrás de ella jumando, bebiendo, subiéndose por los armarios es como un monito.

Escritura horizontal

En cambio, una escritura serpentina, en que las líneas son unas veces rectas y horizontales y otras suben y bajan, indica que su autor está dotado de una gran sensibilidad y se adapta fácilmente a situaciones de diversa índole, en las que actúa de manera espontánea y natural, posee viveza y es muy emotiva. En algunos casos, si estas características son muy pronunciadas, pueden interpretarse como señales de una tendencia hacia temperamentos inestables ocasionados por una hipersensibilidad, en los que los estados de euforia pueden alternarse con los de depresión.

Si además los trazos son redondeados y posee algún bucle, esta persona está dotada para el trato con la gente por su carácter afable y su deseo de agradar a todo el mundo.

> **EJEMPLO**
>
> mis aficiones, bueno tampoco son demasiadas, leer quizá es lo que pondría en primer lugar, hacer crucigramas, puzles, el teatro, el cine, la música, pasear, la playa, en fin cosas muy diversas.

Escritura serpentina

Si estas variaciones aparecen en las palabras, el escrito es de trazo sinuoso. La interpretación, en principio, no diferirá demasiado de la anterior. De hecho, es muy frecuente que las escrituras sinuosas formen serpentinas.

> **EJEMPLO**
>
> Tengo un resfriado aparatoso. El médico me ha dicho que tengo que tomar no sé cuántas pastillas y sobres para la tos y la garganta pero, la verdad, creo que lo mejor que puedo hacer es meterme en la cama dos días.

Escritura sinuosa

La escritura discontinua es aquella en la que cada letra se apoya en otra, sin tocar la línea. Si es muy pronunciada, da la impresión de que el autor las haya escrito moviendo continuamente la mano hacia arriba y hacia abajo, como si saltase.

La mayor parte de muestras que pueden consultarse da una impresión de nerviosismo y tensión. Los autores parecen tener una emotividad inestable, aunque no padecen trastornos graves de conducta.

EJEMPLO

Pues empezando por tener un taxi a mi nombre completamente pagado sin deber nada, y a

---

Escritura discontinua

Por otro lado, si vemos una escritura ascendente, en la que la línea sube y se separa de la base, por lo general, la persona que la ha escrito hará gala de un gran optimismo y una gran confianza en sí misma, sin caer en la autocomplacencia, ya que posee la fuerza de voluntad y la ambición necesarias como para intentar superarse cada día. La base, en este sentido, simbolizaría la realidad y el trazo ascendente, el ideal.

De todos modos, si la separación entre las dos fuese demasiado pronunciada y acabase por desequilibrar el conjunto, la personalidad del autor o de la autora sería de un idealismo tan acentuado que podría acabar por prescindir de lo real. Sin embargo, es preciso tener en cuenta que la redacción del escrito que se tiene entre las manos se ha producido en un momento y en unas circunstancias determinadas. Que las líneas sean más ascendentes de lo normal puede deberse a un estado de ansiedad o euforia pasajeros, motivado a lo mejor por la misma redacción del escrito. En las pruebas de selección para un puesto de trabajo, la mayor parte de las muestras que se piden presentan esta característica. Sus autores no sólo son emprendedores y creativos: también albergan la ilusión de ser contratados.

En cualquier caso, lo más recomendable es no dejarse llevar por la primera impresión y sopesar las conclusiones que se van tomando. A medida que se desarrolla el análisis, el grafólogo debe interpretar los nuevos datos a la luz de los anteriores.

> **EJEMPLO**
>
> Soy un chico divertido, atrevido, cariñoso y muy muy juguetón.
> Me gustan las chicas sinceras, con ritmo, divertida, atrevida y con sentido del humor y muchas ganas de vivir la vida.
> Mi tipo de chica ideal son las morena, aunque las rubias tampoco me desagradan, de estatura normal, nunca mas alta que yo, que tengan buena precencia, sean educada y que sepan comportarse

Escritura ascendente

La escritura descendente indica todo lo contrario a la ascendente. Quien escribe de esta manera se siente por debajo de sus posibilidades. Si el descenso es superior a 10°, puede interpretarse como una sensación aguda de cansancio y atonía. Tal vez se trate de un estado pasajero, acaso provocado por una enfermedad o una situación de estrés o una alteración del sueño que puede remediarse. Sin embargo, si la caída es muy pronunciada, es posible que la persona que haya escrito ese texto esté a punto de caer en una depresión, si es que no la está padeciendo.

Sin embargo es muy difícil emitir un juicio fiable sin más información, ya que tal vez todo se deba a una situación problemática transitoria.

A continuación, puede verse una tabla en la que figuran todas las características que deben tenerse en cuenta a la hora de interpretar el grado de horizontalidad o inclinación de un escrito. Al igual que en los casos anteriores, no pueden establecerse unos porcentajes que determinen la dirección del texto, sino que el grafólogo deberá relacionar los diferentes elementos y extraer una conclusión.

> **EJEMPLO**
>
> *Soy una persona que admira en las mujeres sobre todo, la sinceridad, unida a un romanticismo sencillo sin caer en lo empalagoso o cursi.*

Escritura descendente

DIRECCIÓN	
Horizontal	Sinuosa
—	Serpentina
—	Discontinua
Ascendente	Descendente

La inclinación

Este género gráfico guarda una gran relación con el control de la emotividad, la lealtad, la sociabilidad y la comunicación, sea verbal o gestual.

Se analiza midiendo el grado de ángulo o la inclinación respecto a la línea que forman la parte alta de las letras y las jambas. Para ello, habrá que utilizar una regla y un transportador de ángulos convencionales. Existen cuatro tipos: la escritura vertical, la inclinada, la invertida —que sería una variante de la anterior— y la desigual. A continuación pueden verse las características principales de cada una de ellas.

La escritura vertical

Una escritura es vertical cuando la parte alta de las letras se separa 90° de la línea de referencia. Por lo general, indica que la persona es estable emocionalmente, aunque en algunos casos extrema su autocontrol, y a pesar de que sea afable, no es excesivamente comunicativa. Es equilibrada y responsable, pero no se compromete ni participa demasiado en la vida comunitaria, ya que está más centrada en las circunstancias del presente que abierta a las innovaciones del futuro. Cuanto más rígido sea el trazo, más acentuadas serán estas características.

> **EJEMPLO**
>
> La vida es esto que nos pasa,
> mientras estamos pensando en
> hacer otra cosa.

Escritura vertical

La escritura inclinada y la invertida

Por otro lado, una escritura es inclinada cuando las letras de las palabras tienden hacia la derecha sobre la línea de referencia y forman un ángulo menor de 90°. Esta característica suele interpretarse como un indicio de que la persona es comunicativa y participativa, tiene iniciativa y está abierta al futuro.

> **EJEMPLO**
>
> Voy a intentar: Intento estar siempre contenta y normalmente lo logro. No es que la vida haya sido fácil: siempre intento aprender lo que no sé y, aunque me cueste mucho, no cejo en mi empeño. Soy inhausti- gente conmigo misma. Nunca con los demás. Aprecio a los que me rodean tal como son.

Escritura inclinada

El caso contrario es la escritura invertida. Aquí las letras se recuestan hacia la izquierda, en una orientación opuesta a la progresión de la escritura, lo cual se interpreta como un indicio de que su autor es retraído y contiene sus impulsos. Las personas que escriben de esta manera tienen ciertas dificultades para relacionarse, por lo que suelen ser muy suspicaces y estar siempre a la defensiva. Se aíslan tanto de los demás, que en muchas ocasiones pueden llegar a ser egoístas.

Vista la gravedad de la interpretación a la que puede dar lugar una muestra de este tipo, hay que informarse de los hábitos de escritura de la persona, ya que si fuese zurda, habría que suponer todo lo contrario.

En las pruebas de selección de personal, tanto la escritura inclinada como la invertida suelen tenerse muy en cuenta, pues a partir de ellas puede averiguarse si el candidato sabe desempeñar labores de relaciones públicas o de comercial.

Sin embargo, esta noción sólo es válida para la escritura latina, ya que otras muchas, como la árabe, por ejemplo, se escriben de derecha a izquierda, por lo que requieren otros criterios de análisis (aunque no deja de ser curioso que los árabes escriban hacia la izquierda y que su cultura sea tan tradicional y dé tanta importancia a la familia y al sentimiento religioso). Más adelante veremos lo que simboliza la izquierda en el capítulo dedicado al simbolismo del espacio.

EJEMPLO

Escritura invertida

La escritura desigual

Por último, la escritura desigual es la que combina rasgos de las tres anteriores. A menudo en una misma línea pueden verse palabras en vertical, inclinadas e invertidas, lo cual indica que la persona es de conductas y reacciones variables, muy emotiva y a la vez poco fiable, dados sus cambios de temperamento y actitud. De hecho, le cuesta manifestar su opinión y comprometerse y la convivencia con ella puede ser un tanto difícil, aunque al principio pueda parecer divertida y amena, poco rutinaria. Si otros rasgos grafológicos no equilibran esta tendencia, nos encontraremos a una persona de trato difícil. A continuación, puede verse un modelo de tabla para evaluar el grado de inclinación de un escrito.

EJEMPLO

Sóc un xicot que des de petitet s'ha vist conduit per una necessitat gairebé imperiosa de superació personal, i de coneixer el màxim de coses i de experimentar-les.

Escritura desigual

En este caso, al igual que en los anteriores, tampoco existe un baremo exacto con el que medirla. El grafólogo deberá anotar los grados de inclinación que observe en el escrito y extraer sus propias consecuencias.

INCLINACIÓN
Escritura vertical
Escritura inclinada
Escritura invertida
Escritura desigual

La presión

Este género gráfico está relacionado con la energía vital y la decisión de la persona que escribe.

Gráficamente se refiere a la intensidad con la que se presiona el lápiz, el bolígrafo u otro útil a la hora de escribir sobre el papel.

Una escritura tendrá una presión firme o nutrida cuando se aprecia muy bien el surco grabado en el papel al escribir. Para comprobarlo basta con pasar la mano por el reverso de la hoja para apreciar el relieve que se ha formado. Si además los rasgos de las letras están bien dibujados y son plenos, sin que haya manchas ni descargas de tinta, puede interpretarse que la persona es enérgica, vital, muy segura de sí misma y de buen carácter.

El caso opuesto es el de la escritura de presión blanda, en la cual el surco grabado en la hoja no se percibe demasiado bien. Los trazos de las letras y las palabras pueden tener roturas y la impresión general que da el escrito será de inconsistencia y blandura.

Según estos datos, la persona que escriba de esta manera será poco vital, con carencias más o menos graves de energía, indecisa y poco segura de sí misma, lo que la convertirá en presa fácil de quienes posean un carácter fuerte, persuasivo y dominante.

Sin embargo, los resultados no suelen ser tan claros: a menudo el grafólogo se encuentra con escrituras de presión suave pero con el trazo completo, que indican que su autor posee un carácter firme, una energía media y una gran sensibilidad.

Por otro lado hay que tener en cuenta que una escritura puede tener una presión neta y los trazos y los rasgos de sus palabras y letras completos y limpios, sin descargas de tinta ni suciedad. En este caso habrá que inter-

Firma que denota una presión firme o nutrida (Charlton Heston)

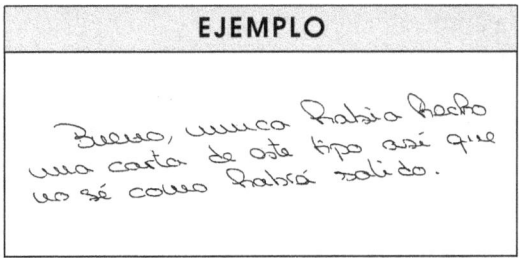

Presión blanda

> **EJEMPLO**
>
> Blanco y negro son dos colores tan opuestos que en el fondo son el mismo

Presión neta

pretar estas características como una señal de que la persona está segura de sí misma y no es agresiva.

El caso contrario es el de las escrituras con presión apoyada o pastosa. El primer tipo engloba a todas aquellas producidas por personas de ritmo lento que presionan con bastante intensidad al escribir y hacen paradas que producen puntos negros u óvalos cegados. Indican poca agilidad y una obstinación que puede llegar a la contumacia, aunque puede indicar también un cierto temperamento sensual.

La escritura de presión pastosa, por su parte, es parecida a la anterior, pero con descargas más intensas y frecuentes, dando como resultado una escritura bastante sucia. En este caso, y siguiendo con la interpretación de la anterior, la persona que la ha realizado, además de ser obstinada, posee una notable agresividad.

> **EJEMPLO**
>
> Respecto a mí, soy una persona abierta, con don de gentes (suelo caer bien a la gente). Soy también una persona bastante segura de mí misma, excepto cuando estoy delante de una mujer como Dios manda (Inteligente y atractiva), hasta que me acostumbro y le tomo confianza.

Escritura pastosa o apoyada

Sin embargo, es preciso hacer una aclaración: si una persona toma para escribir un bolígrafo o un rotulador que pierde tinta, tenderá a realizar una escritura apoyada o pastosa y ensuciará el papel. Antes de emitir un juicio apresurado, es mejor asegurarse de las condiciones en que se realizó la muestra que se debe examinar.

Otra variante de este género gráfico es la escritura de presión acerada, que puede apreciarse en los finales de palabra, los acentos y barras de las tes, en donde la presión disminuye y el trazo adquiere una forma aguda, como si fuese la punta de una aguja. Quien escriba de esta manera poseerá un temperamento agudo, sutil y, en ocasiones, incisivo. Será sin duda una de esas personas que posea «el dardo en la palabra».

EJEMPLO

Escritura de presión acerada

El caso contrario es la escritura de presión en forma de maza, en la que la marca es más acentuada al final de las palabras. Por lo general indica poca sutileza y cierta grosería, aunque sea verbalmente.

EJEMPLO

Escritura de presión en maza

En la tabla siguiente pueden verse las características que deben tenerse en cuenta a la hora de valorar la presión de una escritura.

PRESIÓN	
Escritura firme y nutrida	Escritura blanda
Escritura neta	Escritura pastosa
Escritura acerada	Escritura en maza

Por otra parte, y aunque parezca ridículo no lo es, antes de emitir un juicio, conviene tener en cuenta el útil con el que se ha escrito, pues no es lo mismo escribir con un bolígrafo que con un rotulador de punta fina o fibrosa. La presión deberá evaluarse siempre en relación con el útil que se ha empleado.

La velocidad

Este género gráfico guarda relación con la rapidez o lentitud con que reacciona una persona ante un estímulo. Asimismo tiene que ver con el ritmo y la agilidad.

Como el grafólogo sólo tiene acceso al manuscrito ya terminado y en general no puede ver cómo ha sido realizado, de manera lenta o rápida, sólo puede percibirse la velocidad de otra manera que no sea contar el número de letras escritas por minuto.

Así pues, sabremos que una escritura es rápida cuando veamos que sus rasgos son simplificados y sencillos, las palabras estén ligadas y los acentos y las barras de las tes se desplacen hacia la derecha, siguiendo la progresión normal de la escritura, ya que los rasgos hacia la izquierda implican retroceso.

Este tipo de escritura indica que la persona es ágil mentalmente y actúa de manera decidida y dinámica. Además, suele ser muy receptiva a lo que sucede a su alrededor, lo cual facilita su labor a la hora de desenvolverse. A menudo estas personas, gracias a su capacidad de reacción, encuentran soluciones a cualquier tipo de problema con bastante rapidez, por lo que suelen gozar de un notable optimismo que les ayuda a encarar la vida con miras más amplias.

EJEMPLO

El mil cinc (1005) un número que et durà a la solució final. Si des del dia al final son 112 i aquest valor li sumem 141 va com abans però al revés. O sigui que és com descomposar en factors la xifra inicial: agafar el nombre primer de la descomposició, duplicar-lo, tornar-lo a duplicar, sabent que encara en sobraran 13. Quin embolic! A veure si les particions son de 30, 28 o 31 per cada bloc i arribem al mes que sempre he afirmat que seria, resulta que comptar dels del dia marcat fins a el primer del mes, en surten 385.

Què passa i quin dia és?

Escritura rápida

El caso opuesto es la escritura lenta. Su forma puede ser caligráfica, aunque no tiene por qué serlo necesariamente. Las características más frecuentes suelen ser la presencia de adornos —a veces de una exageración y vistosidad notables—, las rectificaciones y los gestos regresivos hacia la izquierda, tal como puede apreciarse en las barras de las tes. En el caso de que fuese desligada será aún más lenta que si está ligada, ya que para ello el autor habría debido detenerse cada vez que hubiera escrito una letra.

La interpretación más simple consistiría en suponer que quien escribe de esta manera posee un carácter apocado, reconcentrado o tardo de reacción. Podría ser así en el caso de que otros elementos del manuscrito lo confirmasen. Sin embargo, antes de emitir ningún juicio, es preciso tener en cuenta el carácter de la muestra y las circunstancias en que ha sido preparada, pues muchas veces una escritura puede ser desligada intencionadamente, a fin de ser más legible, lo cual debería interpretarse como un signo de orden y minuciosidad.

EJEMPLO

Escritura lenta

El caso intermedio entre ambas maneras de escribir sería la caligrafía pausada, en el que la escritura es sencilla y sobria, bien dibujada, con los puntos, los acentos y las barras de las tes bien centrados, y las letras están agrupadas, pero sin ligar. Un escrito de este tipo indica que la persona no es muy rápida a la hora de reaccionar, pero que posee un talante reflexivo y mesurado en el que la agilidad y la precisión están perfectamente integradas.

> **EJEMPLO**
>
> Hola, me llamo Neus, trabajo desde hace 4 años y medio para Nortehispana en la sucursal de Sabadell, me encuentro muy agusto con mis compañeros y hasta el momento no me puedo quejar.
> Me gusta estar con gente, salir con los amigos y los fines de semana escaparme a la Costa Brava.

Escritura pausada

Por otro lado, en algunas ocasiones, el autor o la autora han escrito con tanta celeridad que el resultado es prácticamente ilegible, ya que las palabras tienen forma de hilo y la mayoría de las letras están incompletas. El tamaño suele ser muy irregular y a veces faltan signos de puntuación, acentos o incluso las barras de las tes.

En estos casos puede pensarse que la persona piensa rápido, reflexiona poco y se deja llevar con demasiada facilidad por sus impulsos. Sin embargo, no conviene que seamos tan rápidos como ella, ¡quién sabe si se ha visto obligada a escribir a toda prisa la nota que tenemos delante!

> **EJEMPLO**
>
> Impaciente por recibir noticias vuestras y esperando pasarnoslo muy

Escritura precipitada

El caso opuesto al anterior es el de la escritura retardada, que es, al mismo tiempo, el caso extremo de la lenta. En esta ocasión la persona se demora demasiado, exagera los adornos, abunda en gestos innecesarios y realiza bastantes trazos regresivos hacia la izquierda. Los ejemplos de este tipo indican una lentitud extrema, que puede ser desesperante si el grafólogo aguarda a que la persona que se somete a examen le prepare la muestra. A menudo este tipo de caligrafía oculta un problema de relación con el ambiente: la persona que escribe de esta manera reacciona y actúa a destiempo, se ve en serias dificultades a la hora de concretar sus asuntos, e incluso puede ser de temperamento extremadamente obsesivo o padecer algún trastorno psicológico.

EJEMPLO

Escritura retardada

VELOCIDAD	
Rápida	—
Lenta	Pausada
Precipitada	Retardada

La continuidad

Este género gráfico está directamente relacionado con actitudes y hábitos tan importantes como la constancia y la disciplina. Si se estudia con atención, incluso puede averiguarse si la persona tiende a regirse por la lógica o más bien por la intuición.

Para ello, habrá que fijarse en cómo avanza la escritura a través de la hoja de papel.

Una escritura es ligada cuando las letras están unidas por sus trazos, sin levantar el bolígrafo del papel, y puede interpretarse como una señal de que la persona se guía por la reflexión y el cálculo sobre todo si en la zona alta de la escritura pueden apreciarse ligaduras entre las letras. Asimismo indica que la persona es estable y mantiene sus ideas, actitudes y sentimientos contra viento y marea hasta que consigue realizar sus proyectos.

EJEMPLO
Nunca tuve juventud; La niñez y la vejez están en mí; en ninguna de las dos está la Vida. Sólo la juventud logra arravecer la vibración que la existencia anima.

Escritura ligada

En la escritura desligada, la mayoría de las letras carece de unión, ya que el autor suele alzar el bolígrafo cada vez que traza una. Quienes escriben de este modo suelen obedecer más a su intuición que a su lógica.

EJEMPLO
Me gusta el montañismo la espeleolo y en general todos los deportes relacionados con la montaña y el aire libre, me encanta viajar y sentir el vertigo de la velocidad se en moto o en coche.

Escritura desligada

El caso intermedio es el de la escritura agrupada, en la que las letras forman grupos en una misma palabra, muchas veces coincidiendo con las sílabas.

Por lo general, este tipo de escritos indica que la persona suele combinar la deducción lógica con la intuición, lo cual la lleva a moverse con soltura, pues está segura de lo que hace.

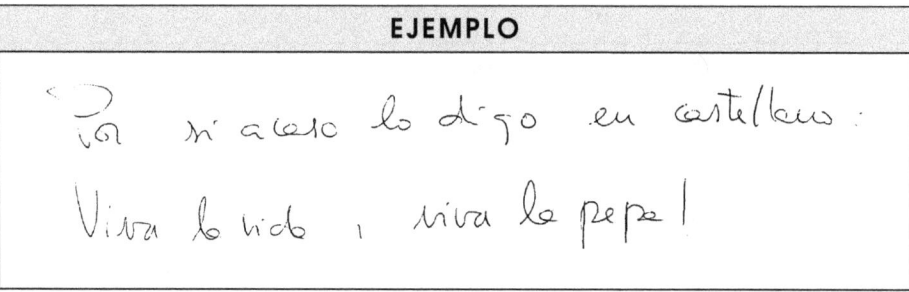

Escritura agrupada

En la escritura progresiva, el trazo se inclina hacia la derecha, sobre todo en los enlaces, la puntuación y las barras de las tes. Un escrito de este tipo indica que la persona que lo ha redactado es activa y decidida, abierta y tolerante en sus enfoques y criterios, además de poseer una visión de futuro muy clara y avanzar con constancia hacia sus objetivos.

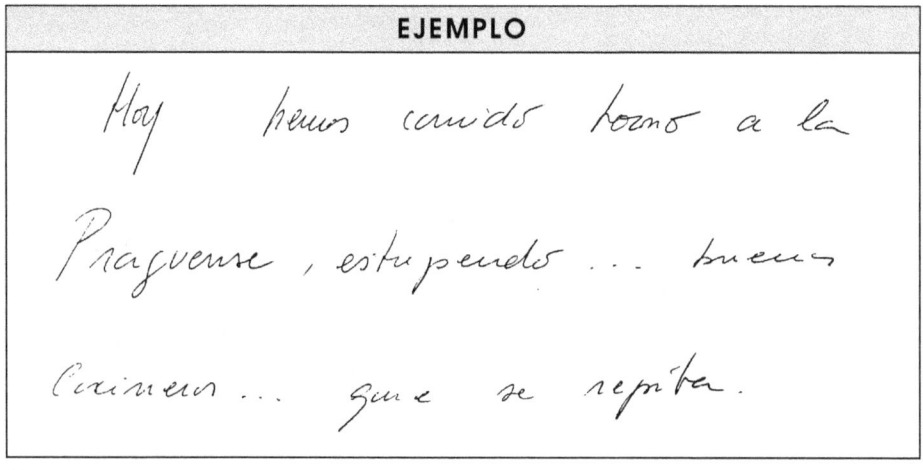

Escritura progresiva

El caso opuesto al anterior es el de la escritura regresiva, en el que las letras y las palabras se recuestan en el lado izquierdo y toman una dirección invertida, al igual que los acentos y las barras de las tes, que tienden a colocarse en esa dirección. En este tipo de escritos, es bastante frecuente que las mayúsculas iniciales estén muy elaboradas, a menudo con grandes adornos, y los gestos iniciales sean considerablemente largos. La letra, además, suele seguir algún modelo caligráfico concreto.

La primera impresión que se tiene al contemplar una escritura como esta es que tras ella se oculta una persona anclada, y a veces atada, al pasado, que se aferra a la seguridad de lo familiar y conocido y defiende con tozudez sus propios criterios, aun sabiendo que tal vez esté equivocada. Por ello, en sus relaciones sociales puede ser algo convencional y rígida, poseyendo esquemas de pensamiento un tanto cerrados que le impidan salir de sí misma y que en algunas ocasiones el trato con ella sea difícil.

EJEMPLO

Escritura regresiva

Sin embargo, es preciso hacer de nuevo una aclaración respecto a las personas zurdas, ya que su escritura no tiene por qué ser regresiva. Si fuese este el caso, sería preciso adoptar otros criterios.

Por otro lado, sabemos que todos poseemos personalidades complejas: somos abiertos para unas cosas y podemos ser testarudos y rígidos para otras; poseemos nuestros miedos y seguridades. Por lo que en una misma escritura podemos observar rasgos de escritura progresiva y rasgos de escritura regresiva.

Una vez más, en el análisis, tendremos en cuenta la presencia y la intensidad, así como las semejanzas y diferencias con otros géneros gráficos, para realizar una valoración lo más correcta posible.

Al estudiar la continuidad de un escrito, también se deberá observar el grado de abertura de las letras. Cuando una escritura es abierta, los óvalos de las letras respiran, están abiertos, y las emes y enes tienen forma de úes.

Este tipo de escritura indica que la persona es abierta, comunicativa y suele manifestar con facilidad sus ideas, conocimientos y afectos.

> **EJEMPLO**
>
> *[Ejemplo manuscrito de escritura abierta]*

Escritura abierta

El caso opuesto es el de la escritura cerrada: los óvalos están cerrados y las emes y enes a veces tienen forma de arco. Por lo general, esta tendencia se interpreta como un signo de que la persona suele ser poco comunicativa con su intimidad y que guarda para sí sus ideas y sentimientos.

> **EJEMPLO**
>
> *[Ejemplo manuscrito de escritura cerrada]*

Escritura cerrada

Una escritura es monótona cuando, sea ligada, desligada, inclinada, invertida o recta, mantiene su forma de manera repetida. A menudo da la sensación de que es mecánica y le falta variación y viveza. La persona que suele hacerla es bastante conservadora, no sólo desde el punto de vista ideológico, sino también en lo que a sus hábitos se refiere. Amante del trabajo sin sobresaltos, casi siempre acaba por caer en la rutina, de donde no saldrá.

EJEMPLOS

¿ emprenedora, no soc gaire gelosa perque sé que amb un noi, amb mi no te necessitat de mirar una altra : i no li dono temps! Valoro molt la sinceritat i el saber donar conversa i odio la hipocresia i els mitjons blancs amb sabates negres. ¡Vaja! que crec que la vida ha de ser viuida i una manera de fer-ho seria compartint les meues coses amb un princep blau, i sabre perfectament qui serà ell quan vegi, perque serà un amor a primera vista.

Además soy árbitro de futbol los fines de semana, duro pasatiempo en los días que vivimos.

Podría seguir diciendo cosas sobre mí pero todo eso lo dejo para que me conozcais más a fondo en un futuro cercano.

Dos ejemplos de escritura monótona

Por otra parte, una escritura es rítmica cuando predomina claramente un tipo de género gráfico, pero hay variación de palabras agrupadas, ligadas, desligadas, inclinadas, rectas, etc. Sin embargo, a pesar de esa gran diversidad de rasgos, se percibe una unidad armónica, en la que las diferencias se complementan gracias, precisamente, al ritmo, al vaivén que se produce entre una opción u otra.

Este tipo de escritura indica que su autor o autora vive plenamente sus múltiples facetas, manteniendo a la vez su personalidad individual, además de su vitalidad, flexibilidad y adaptación.

EJEMPLO

> *Vive de tal forma que al mirar hacia atrás no lamentes haber desperdiciado la existencia.*
>
> *Vive de tal forma que no lamentes las cosas que has hecho ni desees haber actuado de otra manera.*
>
> *Vive con sinceridad y plenamente.*
>
> *¡Vive!*

Escritura rítmica

En cambio, una escritura es irregular cuando ningún tipo de género predomina sobre los demás y los diferentes estilos de letra se suceden sin orden ni concierto a lo largo del escrito. Los cambios no obedecen a ningún criterio previo, sino a la inseguridad o a la volubilidad de quien lo ha escrito.

Por todo ello, este tipo de escritura indica que la persona que la realiza adopta una actitud y conducta extremadamente variable. Su manera de pensar, sus ideas, sus puntos de vista, sus sentimientos e incluso sus afectos pueden cambiar en el momento menos previsto sin que aparentemente exista alguna razón para ello.

A continuación, puede verse una tabla que permite contrastar los diferentes casos de continuidad que el grafólogo hallará en los escritos que deba examinar. En esta ocasión, tampoco se buscará un dato numérico exacto, ya que lo importante es aclarar cuál es la relación que guardan las diversas características del escrito y sopesar las posibles interpretaciones.

EJEMPLO

cine y también pasear a mi perrito, siempre que puedo.

El tipo ideal de mujer que me gusta es que sea dulce, cariñosa, sincera (valoro mucho la sinceridad), rubia o morena, pero prefiero que sea rubia, no muy alta y de unos 35 a 41 años, no importa que sea viuda, separada o soltera, eso me es igual.

Trabajo en un Hospital de Valencia, del S.V.S. Los miércoles me voy por la tarde siempre que el trabajo lo permite, pues trabajo en turno rodado, a bailar salsa y merengue con un grupo de chicos y chicas separados y además nos reunimos los sábados para cenar, tomar café y luego nos vamos a bailar.

Quiero concursar en "EL FLECHAZO" para ver si de verdad encuentro mi "media naranja".

Escritura irregular

CONTINUIDAD		
Ligada	Desligada	Agrupada
Progresiva	Regresiva	—
Abierta	Cerrada	—
Rítmica	Monótona	Irregular

Los cuatro temperamentos

Una vez estudiados los ocho géneros gráficos, el grafólogo deberá dar un paso más y estudiar las posibles tipologías a las que puede adscribir el documento que tiene entre las manos.

Sin embargo, antes de iniciar la descripción de cada una de ellas, es preciso conocer la razón de esta nueva fase del análisis.

El hombre siempre ha buscado un conocimiento y una explicación tanto del universo como de sí mismo. En el frontispicio del templo del dios Apolo en Delfos podía leerse el lema «Conócete a ti mismo», que se ha convertido en la divisa de quienes indagan en el sentido del ser humano.

Muchos estudiosos, basándose en la analogía, han intentado clasificar a los seres humanos en grupos según sus temperamentos y características físicas con el fin de hallar leyes que permitiesen describir su alma y predecir su comportamiento. Desde Hipócrates a Galeno, médicos, filósofos y psicólogos de nuestro tiempo, como el eminente analista suizo Carl G. Jung, han relacionado la personalidad del ser humano con su constitución física y han establecido tipologías en que los rasgos y formas del cuerpo se corresponden con un carácter determinado.

La grafología ha adaptado la tipología temperamental, basada en la de Hipócrates y desarrollada por el doctor Periot, un médico francés, profesor de fisiología neurológica en Marsella, que consta de cuatro grupos, denominados *sanguíneo*, *bilioso*, *nervioso* y *linfático*.

A tenor de su constitución física, cada persona tiene una predisposición temperamental. Y lo que aparece reflejado, tanto en su físico como en su manera de actuar y en su escritura, es la proporción de los cuatro temperamentos, destacando uno o dos como dominantes.

Conociendo los temperamentos, se puede profundizar en el entramado psicológico de una persona, con el fin de conocerla y comprenderla mejor, y averiguar incluso cuál es la profesión y el tipo de vida que más le favorecen.

En los apartados siguientes van a comentarse los cuatro tipos generales que se han establecido para caracterizar a cada persona. Sin embargo, ninguno de ellos se da por completo en nadie, sino que lo más usual es que predomine la combinación de dos sobre los restantes, lo cual supone una riqueza y complejidad fascinantes. De hecho, no es nada extraño que algunas personas posean un temperamento producido por la combinación de tres tipos diferentes o incluso que la amalgama sea tan perfecta que ninguno de los cuatro prevalezca sobre los otros.

Una buena manera de familiarizarse con la fisionomía de los diferentes temperamentos consiste en observar minuciosamente los rasgos, gestos y comportamientos de algunos actores de cine. Cuando puedan distinguirse las diferentes características definitorias, podrá darse un paso más y estudiar a las personas que nos rodean, intentando encontrar las relaciones entre su físico, sus hábitos y su escritura. Con un poco de paciencia y esfuerzo, podremos reconocer a ese amigo sanguíneo que siempre es tan expresivo y jovial, o a ese empleado del banco, tan introvertido y serio, que siempre que nos atiende nos da respuestas concisas y precisas y que podría ser un bilioso. También está la señora gordita, campechana y observadora que vende en el puesto del mercado, que conoce la calidad de cada alimento, que podría ser una linfática. O ese vecino bohemio, delgado e inquieto, de rostro alargado y ojos pequeños y vivarachos, que podría ser un nervioso.

El temperamento sanguíneo

El temperamento sanguíneo, de acuerdo con la clasificación que estableció Carl G. Jung, correspondería a la noción de sentimiento.

La persona en la que predomina este temperamento suele ser expansiva, entusiasta y vital. Expresiva y afectuosa, tiende a moverse por el corazón, poseyendo la capacidad de empatía de ponerse en el lugar del otro. Este contacto sensitivo hace que la persona sea también impulsiva.

En cuanto a la libido o energía vital, es fuerte, lo cual le confiere un gran dinamismo. La persona sanguínea posee una gran visión de futuro y es emprendedora, por lo que tiende a poner en marcha nuevos proyectos y objetivos. Le atrae más el reto y lo insólito que lo cotidiano, que se le antoja siempre rutinario. Sin embargo, su creatividad hace que sea voluble y caprichoso, ya que cuando las cosas marchan solas, se aburre y acaba por abandonarlas.

Sensible a la vez que entusiasta, en ocasiones puede ser avasalladora. Sus cambios de genio pueden ser variables, pasando de la afabilidad a ataques de ira un tanto exagerados, pero sin ser agresiva y mucho menos rencorosa.

Por lo general sociable y extrovertido, el sanguíneo se relaciona y se comunica con todo el mundo. De hecho, para él la valoración y la admiración que despierte en los demás cuenta muchísimo.

Intelectualmente, suele ser ágil e imaginativo, y posee una gran inquietud y curiosidad: siempre arde en deseos de aprender algo nuevo. Sin embargo, a veces, por este mismo afán, no suele profundizar demasiado. No por ello debe pensarse que es descuidado o poco práctico; todo lo contrario: nunca deja suelto ningún cabo. Otra cosa es que tenga el suficiente interés para llevar sus proyectos a cabo y decida realizarlos.

Profesionalmente tienden a progresar gracias a esta facilidad para plantearse nuevos retos. Pueden ser excelentes directivos, ya que conectan bien con la gente, tienen ímpetu y poseen dotes de mando.

También son aptas para profesiones creativas y en las que estén en contacto con la gente. La psicología y la abogacía pueden ser dos profesiones que les atraigan, y como médicos serían excelentes pediatras y médicos de cabecera por el afecto y el cariño con el que tratan a los demás. Las relaciones públicas y el comercio también serían adecuadas.

En cuanto a su físico, suelen ser grandes y fuertes. De rasgos marcados, sus ojos y su boca suelen ser generosos y expresivos. Sus manos y pies son también de gran tamaño, mientras que sus piernas son largas y robustas.

Puede reconocerse un temperamento de estas características en aquellos escritos en los que las letras tienen un tamaño y una inclinación considerables, están ligadas y presentan óvalos abiertos a la derecha.

Las personas sanguíneas tienden a situar los acentos, las barras de las tes y los finales de palabra adelantados, y sus trazos suelen ser amplios y expansivos. En algunos casos incluso pueden apreciarse bucles y una notable presión, enérgica y firme, en la zona descendente de las palabras.

Rasgos típicos de una persona de temperamento sanguíneo

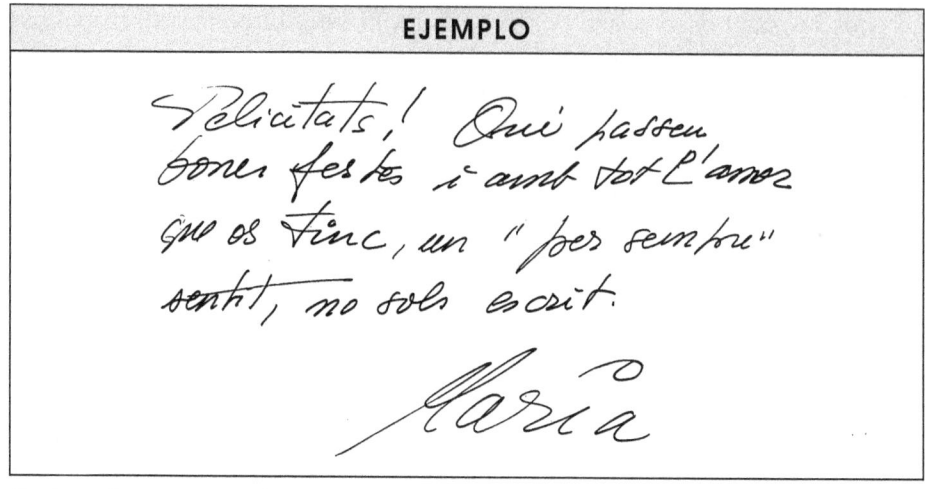

Escritura de una persona de temperamento sanguíneo

Su firma suele ser muy amplia y grande y aparece normalmente a la derecha de la hoja.

A continuación, puede verse una tabla con los rasgos característicos de la escritura de una persona sanguínea. La puntuación podrá ser de 0 o 1 para cada uno. Al final, se sumará el total y se calculará el porcentaje.

TEMPERAMENTO SANGUÍNEO	
Extensa	Rápida o precipitada
Puntos de las íes y barras de las tes adelantados	Rítmica
Grande	Ascendente o serpentina
Jambas largas y anchas	Ligada o agrupada
Forma redondeada y adornada	Progresiva
Abierta	Firma grande con rúbrica ampulosa, situada a la derecha

El temperamento bilioso

Según la clasificación de Jung, el temperamento bilioso se corresponde con la noción de pensamiento.

Una persona en la que predomine este temperamento suele ser analítica, lógica, racional, precisa y objetiva. Por lo general, no acostumbra a dejarse llevar por sus impulsos ni emociones y tiende a controlar su imaginación con cierto rigor. Su inteligencia es ágil y se caracteriza por su reflexión, sus dotes prácticas, su sobriedad y su conocimiento exacto de la realidad.

Su libido o energía vital es fuerte, pero la utiliza siempre de manera racional, defendiendo sus ideas y objetivos con una firmeza y energía que a veces pueden ser contundentes, pero sin perder el control.

Moderada y precisa, para una persona de temperamento bilioso es muy importante el equilibrio. Gusta de la conversación y el trato, pero le desagradan profundamente las relaciones superficiales, sobre todo si van acompañadas de exclamaciones y gestos exagerados y extravagantes. Sin embargo, precisa mucho afecto y, aunque no le gusta demostrarlo, suele ser muy cariñosa con las personas que le agradan.

En el campo profesional, destaca por su responsabilidad, su tenacidad y sus capacidades intelectuales, sumamente ágiles y de un rigor analítico fuera de toda duda. Podría ser un buena directiva, sobre todo si se hiciese cargo de un departamento técnico. En cambio, las tareas comerciales o las que están relacionadas con los recursos humanos, si bien las llevaría a cabo con el rigor y los resultados que se esperan, le motivarían menos, ya que le falta soltura y empatía y es más individualista que sociable.

En el caso de que eligiese la medicina, su objetividad, precisión y frialdad le capacitarían para la cirugía o para la investigación. Sin embargo, el trabajo en una consulta, de cara al público, y con un trato más personalizado no acabaría de gustarle.

Físicamente, se le reconoce por su tendencia a la moderación y al equilibrio. Sus ojos suelen estar un tanto retraídos, su mirada es muy penetrante y su boca pequeña, de labios finos. Su frente es más bien alta y amplia y sus rasgos faciales más angulosos que redondeados.

Rasgos típicos de una persona de temperamento bilioso

En cuanto a la escritura, puede reconocerse en ella a una persona de temperamento bilioso si es vertical o un poco inclinada, agrupada, sobria y de tamaño medio, con enlaces entre los rasgos de la zona superior de las letras. Su firma no suele ser ni grande ni pequeña y la rúbrica, si la hubiese, es pequeña y sencilla, situada generalmente en el centro de la hoja.

En la tabla adjunta puede verse una relación de los elementos que hacen que un escrito pueda atribuirse a una persona biliosa. Al igual que en el caso anterior, la puntuación podrá ser de 0 o 1 para cada uno de ellos. Al final, se sumará el total y se calculará el porcentaje.

EJEMPLO

Escritura de una persona de temperamento bilioso

TEMPERAMENTO BILIOSO

Concentrada	Abierta	Firma de tamaño medio, sin rúbrica o, si la hubiere, de formas sencillas y sobrias, situada en el centro de la hoja o un poco a la derecha
Puntos precisos y barras enlazadas	Pausada	
	Velocidad regular	
Tamaño medio	Horizontal o rígida	
Sobria	Agrupada	
Jambas pequeñas	Progresiva	

El temperamento nervioso

El temperamento nervioso se corresponde con la noción de intuición según la clasificación de Jung.

Una persona en la que predomina este temperamento suele ser inquieta, versátil, curiosa e intuitiva. Tiende a la dispersión, es poco práctica, y posee unas grandes dotes imaginativas y creativas.

Se siente atraída por los temas más diversos, a los que intenta dar siempre su visión personal. Es muy inquieta intelectualmente, aunque suele dejarse llevar más por sus sentimientos que por la razón.

Muy emotivas y sensibles, las personas de temperamento nervioso suelen ser bastante inestables desde un punto de vista emocional, pudiendo pasar de ser encantadoras y expresivas a inhibirse o mostrarse tristes y hurañas. Para ellas es muy importante el refuerzo y apoyo de quienes las rodean, y a menudo necesitan que se les demuestre el afecto que se siente por ellas.

No hay un patrón fijo para su libido o energía vital: en algunas personas puede ser fuerte y en otras débil. Sin embargo, sea cual fuere, todas ellas tienen serios problemas a la hora de canalizarla, ya que no consiguen establecer un flujo continuo, sino que fluye a saltos, pasando de una actividad intensa y a veces frenética al cansancio o la apatía, según su entusiasmo o pesimismo. Esta característica no suele ocasionar demasiados quebraderos de cabeza siempre y cuando las personas que la rodean se adapten a ella. Con todo, en algunos casos extremos, la convivencia en pareja puede llegar a ser difícil.

Por ello, si a este flujo irregular de energía se le suman su creatividad, imaginación y una visión muy personal del mundo, quienes acusen un predominio de este tipo de temperamento deberán tener muy en cuenta los problemas y las responsabilidades a las que deben hacer frente. En lo que se refiere a su vida profesional, lo mejor es que se decanten por alguna liberal, a ser posible como trabajadores autónomos, ya que deberán establecer su propio horario y aprovechar los estallidos de energía que puedan sobrevenirles. La rutina, el control y los horarios rígidos se les antojan, en su mayoría, odiosos, y pocas veces responden bien a ellos. Su curiosidad e inquietud también les capacitan para el periodismo y aquellas tareas en las que sea necesario viajar y moverse a su aire. El trabajo como comercial, en consecuencia, no les desagradaría. Su gran sensibilidad creativa puede darles buenos resultados si se decantan por el mundo artístico, mientras que su facilidad de trato y don de gentes les permiten ser unos buenos relaciones públicas o unos expertos en mercadotecnia.

Por lo que respecta a sus características físicas, puede reconocerse a una persona de carácter dominante si ofrece un aspecto global un tanto

Rasgos típicos de una persona de temperamento nervioso

desproporcionado, lo cual no quiere decir que carezca de encanto. Su rostro, de facciones angulosas, suele ser alargado, con la barbilla afilada y los ojos pequeños, pero muy vivos y expresivos.

En cuanto a la escritura que realizan estas personas, se caracteriza por la irregularidad, las letras desligadas y la presión desigual. Muchas veces suele ser invertida o variable, de rasgos angulosos. Su firma está en consonancia: es angulosa y más bien estrecha, siendo difícil de leer. La rúbrica es enmarañada en forma de emes mayúsculas.

A continuación, puede verse una tabla con el baremo que debe aplicar un grafólogo para comprobar si un escrito puede atribuirse o no a una persona nerviosa. La puntuación oscilará entre 0 o 1 para cada uno de los elementos. Al final, se sumará el total y se calculará el porcentaje.

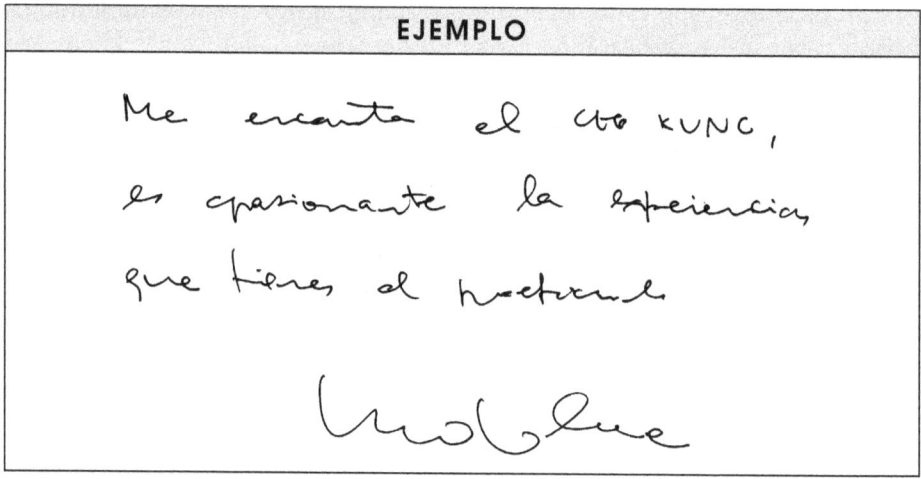

Escritura de una persona de temperamento nervioso

TEMPERAMENTO NERVIOSO	
Comprimida	De velocidad desigual
Puntos y barras de las tes irregulares	Arrítmica
	De dirección sinuosa o discontinua
Pequeña	
Filiforme (en forma de hilo)	Desligada
Jambas cortas y estrechas	Regresiva
Seca o tipográfica	Firma pequeña e inhibida o estrecha, con ángulos e ilegible
Cerrada	

El temperamento linfático

De acuerdo con la tipología junguiana, el temperamento linfático se corresponde con el aspecto sensitivo.

Una persona linfática suele ser apacible, lenta y tranquila, observadora, muy detallista y al mismo tiempo metódica y constante. De natural muy sensible, gusta siempre de la buena comida y los placeres de la vida.

Su libido o energía vital puede ser débil o fuerte y, a pesar de su lentitud, su canalización energética será constante.

De carácter tranquilo y agradable, y a veces campechano, parece que nada le altere, si bien suele emocionarse fácilmente si algún acontecimiento perturba su vida personal. La fidelidad, sea a una persona o a un estilo de vida, es, en consecuencia, uno de los valores más importantes para él.

Al ser muy detallista y disfrutar, puede ser un organizador excelente de fiestas y reuniones, además de un buen cocinero y anfitrión.

Esta gran capacidad para la observación y la mímica, a un tiempo que el gusto por el detalle y una excelente capacidad para memorizar cuanto puede verse y oírse, ha producido grandes actores cómicos e imitadores.

En cuanto al mundo laboral, gracias a su precisión, minuciosidad, constancia y aprecio por el trabajo monótono e incluso rutinario, una persona de temperamento linfático se encontrará en una oficina como pez en el agua.

Desde el punto de vista físico, las personas de este temperamento tienden a engordar, ya que son tranquilas y amantes de la buena mesa. De formas redondeadas, sus ojos son más esféricos de lo normal y su boca suele estar delimitada por labios gruesos. Sus piernas y brazos suelen parecer más cortos que el tronco.

Rasgos típicos de una persona de temperamento linfático

En lo referente a las cuestiones propiamente grafológicas, la escritura de una persona de temperamento linfático es muy regular y monótona, de letra redonda, ordenada y precisa. A veces puede ser pastosa.

A continuación, puede verse una tabla de evaluación. La puntuación oscilará entre 0 y 1 para cada elemento. Al final, se sumará el total y se calculará el porcentaje.

EJEMPLO
Me gusta la música alta, el silencio y la tranquilidad interior, el espacio, los amigos, sentirme querida y querer. Me encantan los felinos, los caballos y delfines, el vuelo del águila real, besar, el verano, las caricias, el sonido del mar y meterme en el agua, salir, bailar, cantar y reír, el amor, sentirme bien con lo que hago Méjico y mi país, el cuerpo del hombre, el cielo de noche, lo desconocido, el misterio, hablar, comer, ver la tele y dormir.

Escritura de una persona de temperamento linfático

TEMPERAMENTO LINFÁTICO	
Con espirales y arcadas en emes y enes	Cerrada
Puntos apoyados y barras de tes cortas	De velocidad retardada
De tamaño regular	Más bien descendente
Compensada	Ligada
Jambas inacabadas	Regresiva
Redonda	Firma grande y legible, de letra redonda, con rúbrica

Extroversión e introversión

Según el psicólogo suizo C. G. Jung, cada persona puede ser extrovertida o introvertida.

Una persona extrovertida tiende a dirigir su energía vital hacia el exterior, reaccionando a los estímulos del medio. Posee una gran capacidad de adaptación y comunicación y tiende a exteriorizar sus sentimientos e ideas. A primera vista parece muy segura de cuanto hace, si bien lo que necesita en realidad es llenar un vacío, ya que impulsa sus energías e intereses hacia fuera, en un intento de conseguir la plenitud ansiada que muchas veces acaba por convertirse en mera dispersión y pérdida de tiempo.

Por el contrario, una persona introvertida dirige su libido o energía vital hacia dentro, ya que valora más una rica vida interior que una extensa vida exterior. Con bastante frecuencia se abstrae de cuanto le rodea y sus opiniones son más subjetivas y personales. Generalmente, acostumbra a elegir sus relaciones de una manera mucho más selectiva y siente interiormente con profundidad; aunque por fuera pueda parecer distante.

Sin embargo, no puede caerse en el error de confundir la extroversión con la sociabilidad y la introversión con el carácter tímido o la reticencia. Una persona introvertida no tiene por qué no ser sociable y una extrovertida, por el contrario, no tiene por qué ser superficial. Aunque sus actitudes y la manera de canalizar la energía sean distintos, no hay ninguna razón por la que deban responder a un patrón fijo. Cada persona posee un bagaje de experiencias que le condicionan tanto o más que los rasgos establecidos de una tipología psicológica a la cual pueda adscribirse.

Además, la extroversión y la introversión no pueden considerarse como dos entidades estáticas, sino que deben interpretarse como dos haces variables que oscilan a lo largo de toda la vida e incluso en una misma situación. Una misma persona puede ser extrovertida e introvertida, según el ambiente en que se mueva o la época emocional que esté viviendo.

Estas oscilaciones se dan de una manera mucho más acentuada en ciclos vitales especiales, en los que una persona puede ir hacia el polo opuesto —sea uno u otro— por un deseo de cambiar de vida. Muchas veces, el paso de la introversión a la extroversión, o viceversa, puede considerarse como una de las manifestaciones de la necesidad que siente una persona de experimentar sensaciones nuevas. La ya célebre «crisis de los cuarenta» está muy relacionada con estos cambios de temperamento y carácter.

Hay asimismo teorías que relacionan la introversión y la extroversión con ciertas características fisiológicas, como las del psicólogo Eysenck, según el cual todo dependería del grado de activación cortical cerebral que posee una persona. De este modo, una persona extrovertida necesitaría para su organismo y su psique una activación cortical mayor que la que requiere una introvertida y, en consecuencia, sería preciso un número mayor de estímulos procedentes del exterior. Es muy frecuente ver cómo una persona extrovertida escucha música o enciende la radio de buena mañana, sin atenderla demasiado, mientras que a otra, introvertida, le molesta y se sienta bien en silencio.

En cuanto a su escritura, pueden apreciarse notables diferencias entre un estilo y otro.

Por lo general, la caligrafía de una persona extrovertida muestra una inclinación hacia la derecha, que puede ser más o menos acentuada, y con gestos adelantados, sobre todo en las barras de las tes, los puntos de las íes, los acentos y los finales de palabra. A menudo es descuidada, y da la impresión de haber sido escrita con cierta rapidez o descuido. Suele ser también extensa, con líneas ascendentes no demasiado pronunciadas, o variables y los márgenes superior y derecho muy pequeños o casi inexistentes, a diferencia del izquierdo, que es más bien grande. Las letras son abiertas, ligadas y de tamaño grande y de una cierta ampulosidad. La firma, por último, también es grande y suele encontrarse a la derecha.

Para conocer el grado de extroversión recogido en un escrito puede consultarse la tabla de la página siguiente. Habrá que puntuar cada entrada de 0 a 3 puntos, sumar el total y calcular el porcentaje.

Por lo que respecta a la escritura de las personas introvertidas, esta suele ser vertical o invertida (si bien hay que cerciorarse de que su autor no es zurdo) y muy cuidada. Las personas introvertidas suelen escribir con mucha claridad, concentrando los trazos sobre el papel, haciendo las letras muy pequeñas, cerradas, desligadas y con un cierto retroceso, sobre todo en la puntuación de las íes y la colocación de los acentos. La tendencia de sus escritos es horizontal o descendente, con márgenes amplios arriba y a la derecha y casi inexistente a la izquierda. La firma suele encontrarse a la izquierda o bien notablemente alejada del texto.

A continuación, puede verse una tabla de evaluación de los elementos que hacen que un escrito pueda atribuirse a una persona introvertida. La puntuación oscilará entre 0 y 3 para cada uno de ellos. Al final, se sumará el total y se calculará el porcentaje.

EXTROVERSIÓN	
Escritura inclinada hacia la derecha	Con gestos adelantados
	Ampulosa
Descuidada y rápida	Margen superior pequeño (menos del 10 % de la página)
Escritura extensa	
De líneas ascendentes o variables	Margen izquierdo grande (a partir del 30 % de la página)
Ligada	Margen derecho pequeño o inexistente
Abierta	Firma a la derecha y bastante grande
De tamaño grande	

Si la diferencia no es muy marcada, es muy posible que exista un cierto equilibrio entre ambas facetas, aunque, como ya se ha comentado anteriormente, esta situación puede cambiar en cualquier momento. Por ello, si se desea analizar con un mayor rigor estos caracteres, lo mejor será estudiar diversas muestras que la persona en cuestión haya escrito en épocas diferentes de su vida.

INTROVERSIÓN	
Escritura vertical o invertida	Pequeña o apretada
Escritura cuidada	Con gestos en retroceso
Concentrada	Simplificada
De líneas horizontales o descendentes	Margen superior grande
	Margen izquierdo pequeño
Desligada	Margen derecho grande
Cerrada	Firma a la izquierda o alejada

> **EJEMPLO**
>
> Es mejor estar entre locos
> que cerca de un necio.
>
> *firma Costello*

Escritura propia de una persona extrovertida

> **EJEMPLO**
>
> Me apasiona la lectura, leo todo aquello que me cae en las manos, pero;
> sobre todo los libros de Clásicos, como cela, Gabriel García Márquez y
> Issac Asimov.
> No me interesan los deportes porque, yo soy una persona un tanto tranquila,
> rechacho totalmente cualquier tipo de Violencia y me considero un poco
> concienzado con el ecologismo. Me encantan los perros y los caballos y
> siempre quise tener uno.
>
> Claro que esto no tiene nada que ver con mi forma de ser
> porque aunque dé una imagen un poco fría y dura de mí
> a primera vista, en el fondo soy todo lo contrario.

Escritura propia de una persona introvertida

La capacidad de reacción

El grafólogo, después de recorrer este camino, deberá proseguir un poco más en la interpretación de un manuscrito. Tras apreciar el temperamento predominante y el carácter introvertido o extrovertido de una persona, podrá conocerla un poco más si se detiene en su capacidad de reacción, también llamada *actitud reactiva* o *resonancia*.

La actitud reactiva es la consecuencia de la relación del tiempo que transcurre entre la recepción del estímulo emocional y la respuesta a dicho estímulo.

Cuando la actitud reactiva es inmediata, rápida y espontánea, suele decirse que la persona es *primaria*. Cuando, por el contrario, la respuesta se retrasa, se considera a la persona *secundaria*.

Ambas nociones deben tenerse en cuenta a la hora de preparar pruebas de selección de personal para una empresa.

Una persona primaria reacciona rápidamente, lo cual es muy positivo, ya que implica dinamismo, espontaneidad, capacidad de improvisación, agilidad e iniciativa.

Sin embargo, estas personas pueden ser un tanto precipitadas e irreflexivas, oportunistas y caprichosas y no suelen pensar en las soluciones a largo plazo sino en la satisfacción inmediata. Interesadas por lo novedoso, puede faltarles constancia y tenacidad. Sin embargo, también pueden ser generosas y participativas.

La escritura de una persona de estas características posee un gran número de rasgos que deben tenerse en cuenta. Por lo general, es extensa, con unas letras abiertas y ligadas de gran tamaño que dan al conjunto un aspecto desproporcionado. El trazo es rápido, sinuoso e inclinado a la derecha y en muchos casos denota una clara precipitación. Los trazos y los márgenes son muy desiguales. La firma, por su parte, suele figurar a la derecha.

La siguiente tabla muestra todos los elementos que deben tenerse en cuenta. Se asignará a cada uno entre 0 y 3 puntos (según su presencia, intensidad y frecuencia), se sumarán los resultados y se extraerá un porcentaje.

CARÁCTER PRIMARIO

Extensa	Complicada	Progresiva
Desproporcionada	Abierta	Filiforme
Grande	Sinuosa	Puntos y márgenes desiguales
Rápida	Curvilínea	
Inclinada a la derecha	Creciente	Firma situada a la derecha
	Ligada	

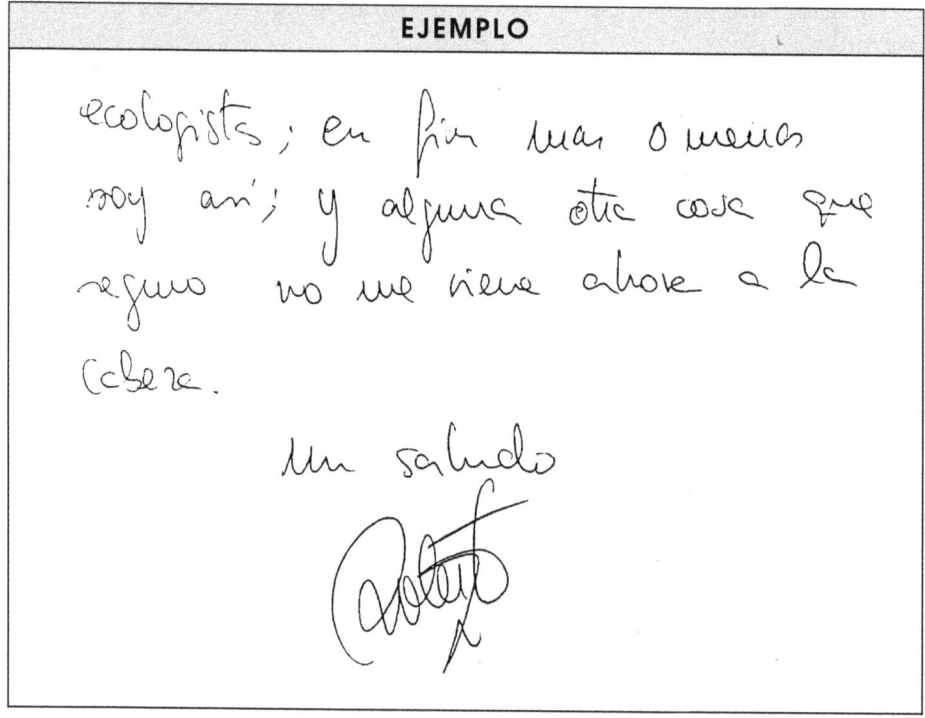

Escritura de una persona de carácter primario

Por el contrario, una persona de tipo secundario reacciona con una lentitud mayor, ya que está habituado a controlar todas sus emociones e impulsos de una manera muy eficaz. No le gusta que algo quede fuera de control y es muy disciplinada y racional, más deductiva y lógica que impulsiva, llegando en algunas ocasiones a hacer gala de un tesón y una constancia inusitadas.

Pese a todo, debe tenerse en cuenta que por lo general estas personas no poseen demasiada espontaneidad y naturalidad y suelen ser inhibidas y solitarias.

La escritura de este tipo de personas suele ser diametralmente opuesta a la de las personas primarias. Habitualmente, se caracteriza por su aspecto comprimido, por la proporción que guardan todas las letras (que además suelen ser de tamaño muy pequeño) y la lentitud con la que se ha realizado. Por lo general, suele ser invertida o vertical, de una gran sobriedad y de una minuciosidad no exenta de naturalidad: las letras suelen ser regulares, desligadas, angulosas y cerradas, y la dirección perfectamente horizontal. A menudo puede observarse una cierta tendencia hacia las formas gladioladas así como una regresión. Los márgenes están siempre muy cuidados y la firma suele situarse en el centro o a la izquierda de la hoja.

La tabla que puede verse bajo estas líneas tiene en cuenta los elementos principales que identifican la escritura de una persona primaria. La evaluación se llevará a cabo la misma manera que en el caso anterior: se asignará a cada entrada entre 0 y 3 puntos (según su presencia, intensidad y frecuencia), se sumarán los resultados y se extraerá un porcentaje.

CARÁCTER SECUNDARIO		
Comprimida	Sobria	Regresiva
Proporcionada	Cerrada	Redonda
Pequeña	Horizontal	Puntos y márgenes cuidados
Pausada o lenta	Angulosa	
Invertida o vertical	Gladiolada	Firma situada en el centro o a la izquierda
Regular	Desligada	

> **EJEMPLO**
>
> La verdad es que intento no soñar en exceso y ver y aprovechar lo que me ofrece el presente, aunque no siempre lo consigo. Y sobre todo si tengo un libro de Derecho justo delante de mis ojos. La verdad es que disfruto estudiando, aunque no lo haga con toda la frecuencia que debiera. La razón es sencilla; me paso demasiado tiempo viendo la T.V, oyendo música, viendo a mi hermano bailar, preparando y repasando las tablas de mis niñas, y releyendo por x vez el libro de Rimas y Leyendas de Bequer. Al Inglés también le dedico bastante tiempo por una parte en el cursillo de Inglés turístico al que asisto y por otra por mi propio interés de no perderlo ya que me costó lo mío.
> Esperando haber sido explícita

Escritura de una persona de carácter secundario

El simbolismo del espacio

Antes de continuar, es preciso hacer una breve recapitulación: se ha pasado del análisis global del escrito a estudiar su grado de positividad y negatividad, su libido, los géneros gráficos, los temperamentos, la extraversión e introversión y la capacidad de reacción que puede tener su autor.

El siguiente paso implica la explicación de todo lo anterior, ya que deberá interpretarse lo que simboliza cada zona del espacio.

El estudio del simbolismo del espacio está basado en las teorías de Max Pulver. Durante esta fase de estudio se observa cómo ha sido distribuido el espacio de la hoja de papel, de qué manera ha sido rellenado, y qué relaciones pueden establecerse entre las partes escritas y las que quedan en blanco.

Una hoja de papel puede considerarse como el espacio o campo gráfico del que dispone una persona y simboliza el medio en el que se mueve. Su forma de utilizar ese espacio nos permitirá ver cómo concibe su entorno. Así, podremos saber cómo imagina un ámbito que le resguarda y acoge, cómo interpreta un espacio público, qué características reúne para ella un lugar inhóspito y de qué manera reacciona ante el hecho de habitar o transitar por ellos.

El estudio de cómo una persona desplaza la escritura por la hoja en blanco permite apreciar cuáles son sus zonas de atracción y rechazo, cuáles son las energías y las motivaciones que le empujan, en qué conflictos puede verse y cómo se mueve en el mundo.

Max Pulver diferencia cinco zonas en el papel:

— el centro;
— la zona derecha;
— la zona izquierda;
— la zona alta;
— la zona baja.

El centro está simbolizado por el yo. La zona derecha guarda relación con la comunicación con los demás y, en definitiva, con el movimiento hacia el otro y el futuro, tal como indica nuestra progresión al escribir y comunicarnos hacia la derecha. Por el contrario, la zona izquierda simboliza el regreso al origen, a la infancia, al pasado, a la protección materna y, en definitiva, al cobijo de lo conocido, aquello que da seguridad.

Por otro lado, la zona alta o superior guarda relación con el cielo y el espíritu, lo ideal, mientras que la zona baja está relacionada con el mundo de la materia, lo telúrico y lo instintivo.

Esta teoría, que también se aplica a test psicológicos tales como el del árbol, la casa y la persona, tiene una gran relevancia en el análisis grafológico.

Así pues, a través de la escritura podrá saberse si su autor o autora está perfectamente centrado o si por el contrario existen zonas de tensión, tal como estudian las terapias psicocorporales, en relación con la estructura, el movimiento y la armonía del cuerpo de la persona en cuestión, ya que, a pesar de lo que pueda pensarse en un primer momento, existe una gran analogía entre el cuerpo de la escritura y el humano y su modo de desenvolverse en el espacio.

El cuerpo humano se sitúa en una línea vertical que une el cielo y la tierra, con la cabeza erguida y los pies bien apoyados en el suelo.

En su línea horizontal, está bien centrado en la pelvis, sin torsiones que le fuercen ni a la izquierda ni a la derecha, con la posibilidad de moverse de manera fluida hacia un lado y hacia otro sin rigideces ni bloqueos.

Son los miedos aprendidos, quizá desde la infancia, las carencias y conflictos, las malas posturas y el estrés los que han creado zonas bloqueadas y extrañas torsiones que han quedado marcadas en el cuerpo y que se hacen significativas a la hora de escribir. De hecho, tanto en el cuerpo y en la escritura está plasmada la historia emocional de una persona.

Estas cinco zonas son importantes para todas las personas, pues se refieren a todas las facetas de su vida: el mundo familiar y el pasado quedan en la zona izquierda; las relaciones interpersonales y los proyectos de futuro en la derecha; el mundo del intelecto y el espíritu en la alta; el mundo instintivo y material en la baja, y las necesidades afectivas y el presente en la del centro.

Si vemos que en una escritura están equilibradas, la persona se encontrará en plena armonía. Si hay sobrecargas o carencias, habrá desequilibrios. No importa que tiendan a destacar un poco más unas zonas del espacio sobre otras; lo importante es que no haya extremismos raros.

Por todo ello, el estudio de las diferentes zonas de la escritura de una persona es un método muy eficaz de comprender cuáles son sus motivaciones más íntimas y cuál es su estado anímico.

La zona media o del centro

Esta zona es dominante cuando en un manuscrito destaca el cuerpo central de la escritura. Por lo que no es ni muy alta ni muy baja ni tiene inicios ni finales largos. Destacan los óvalos de las letras, más bien redondos. La dirección de las palabras es más recta que inclinada o invertida. Y suele haber emes y enes en forma de arco.

Este tipo de escritura indica que la persona no es ni demasiado introvertida ni demasiado extrovertida, sino que se halla centrada por el momento presente y se preocupa por sí misma. A las personas les importa muchísimo ser apreciadas. De alguna manera les cuesta salir de sí mismas y, en consecuencia, ofrecerse a los demás. Les preocupa más recibir.

EJEMPLO

Si pudiera vivir nuevamente mi vida en la próxima cometería menos errores. No intentaría ser tan perfecto, me relajaría más. Sería más tonto de lo que he sido, de hecho tomaría muy pocas cosas con seriedad. (Borges)

Escritura donde domina la zona media

En analogía con el cuerpo humano, a la persona le cuesta moverse fluidamente en la línea horizontal, que representa la dinámica entre el pasado y el futuro, y la relación con los demás. En la vertical, en cambio, dominan las necesidades emocionales más egocéntricas.

La zona derecha

Esta zona del espacio destacará en un manuscrito cuando haya finales de palabra largos, puntos de las íes, acentos y barras de las tes adelantados.

Por lo general, la letra tenderá a inclinarse y a proyectarse espontáneamente hacia la derecha del papel.

Es característica de una persona extrovertida, que se dirige siempre a un interlocutor. Activa y llena de vitalidad, es ambiciosa y se lanza siempre

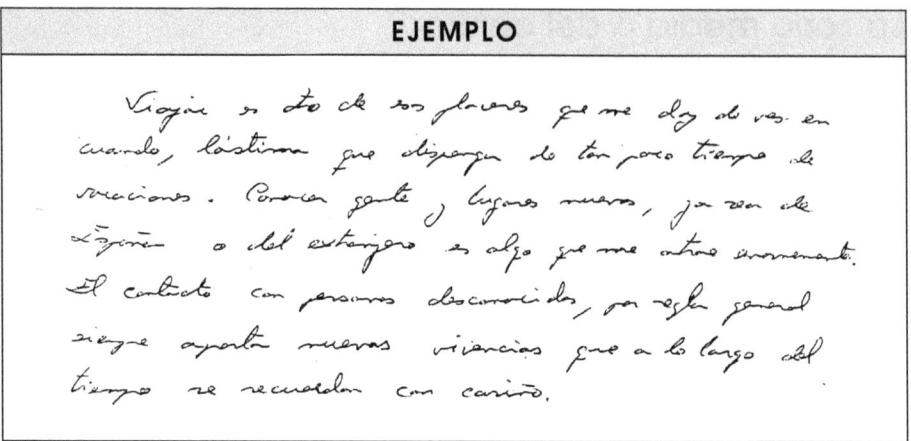

Escritura donde domina la zona derecha

hacia el futuro con la intención de realizar algún proyecto. Tras este movimiento suele apreciarse una figura que le empuja a realizarse en el mundo.

En cuanto a la analogía corporal, si la persona está equilibrada y fluye espontáneamente hacia la derecha, indicará que la zona horizontal de comunicación con el otro y el futuro es expansiva y armónica.

Sin embargo, si la escritura destaca sólo esta zona, puede ser que la persona tienda a precipitarse, aunque puede faltarle la fuerza necesaria para afianzarse y realizarse en el presente.

La zona izquierda

Suele estar muy marcada en un escrito cuando destaquen los principios de las iniciales, las palabras y las líneas y haya trazos y movimientos de retroceso, así como excesivos adornos, retoques y bucles en las iniciales.

Asimismo, quizá la escritura esté recostada hacia la zona izquierda de la página e incluso haya un margen muy estrecho en ese lado.

Una distribución del espacio como esta indica que la persona es introvertida y que el pasado es muy importante para ella, por lo que puede deducirse que es regresiva y conservadora.

Quien tiende a acaparar y retener para sí puede ser egoísta. En una hoja de papel puede apreciarse lo mismo cuando se observa que la escritura se concentra más en los márgenes iniciales. En estos casos la madre es la figura más importante, ya que simboliza lo conocido y lo familiar. Sin embargo, es preciso distanciarse de ella y comenzar a vivir en el mundo.

EJEMPLO

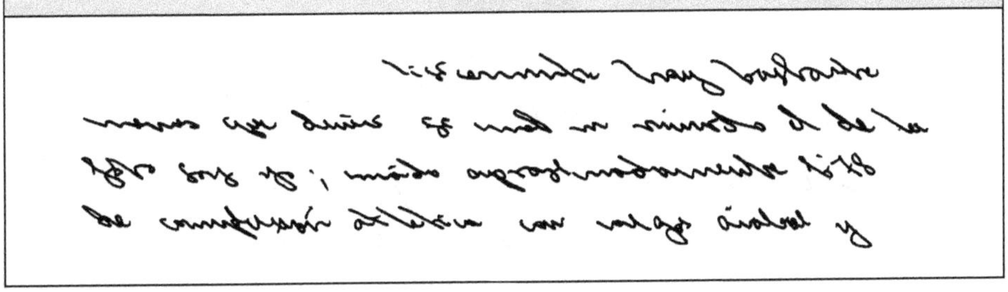

Escritura donde dominar la zona izquierda

En cuanto a la analogía con el cuerpo humano, la torsión estaría aquí en la zona horizontal entre el yo y el tú, entre el pasado y el futuro.

Si la escritura está equilibrada en sus zonas indicaría que la persona no rechaza su pasado y le da valor a sus recuerdos, que sabe guardar y luchar por lo suyo, a la vez que ser generosa y avanzar hacia el futuro.

Pero si hay un desequilibrio en favor de esta zona, puede ser que la persona esté anclada en un pasado que no le deja avanzar.

Con todo, antes de emitir un juicio habrá que cerciorarse de cuál es la lateralidad del autor o autora del escrito, ya que en el caso de que escribiese con la izquierda, todas estas interpretaciones no serían válidas.

La zona superior

Destaca la zona alta o superior en un escrito cuando pueda apreciarse que las partes de las letras que ascienden —tales como la de, la hache, la ele, la te y las mayúsculas— son más altas de lo habitual.

Por otra parte, también podrá hablarse de un predominio de la zona superior si hubiese iniciales o letras como la uve, la erre, la ese, la pe y la efe que diesen la impresión de que la escritura está sobrealzada.

En estos casos, la persona en cuestión posee altas aspiraciones y tiende a ser muy creativa, aunque para ello es importante que todas las zonas estén perfectamente equilibradas.

Si las mayúsculas iniciales estuviesen muy elevadas, es posible que la persona sea orgullosa y altiva y se considere por encima de los demás. El grafólogo, para no llevarse a error, deberá observar la relación que se establece entre las letras mayúsculas y las minúsculas, puesto que si la parte alta de las primeras tendiese a cubrir a las segundas, antes que de soberbia habría que hablar de paternalismo.

> **EJEMPLO**
>
> *Hola, un día Manuel. Estoy comiendo un bocata de lomo con queso muy caro y una bebida caducada.*

Escritura donde dominan la zona superior y la inferior

En cuanto a la analogía con el cuerpo, habría que situar este tipo de escritura en la línea vertical entre el cielo y la tierra. Si esta fuese muy alta, indicaría que la persona tiende a elevarse y, en cierto modo, a desligarse de la realidad, con todo lo que ello supone. Quien escriba de esta manera tal vez sea excesivamente soñador o idealista y tienda a descuidar las necesidades básicas del cuerpo. Cuanto más acentuados sean estos rasgos, más desapegada se sentirá de la realidad. Le atraen más los proyectos que las ideas. Su carácter, en consecuencia, será bastante inmaduro y a menudo presenta un aspecto desaliñado.

Por otra parte, si no hay fluidez en la zona derecha ni en la izquierda, le costará movilizar el eje de relaciones entre el yo y el tú, y le será más difícil mantener una buena relación con los demás.

La zona baja o descendente

Destaca esta zona en un escrito cuando las partes bajas de las letras ge, jota, pe, efe y cu están muy marcadas, hay descensos anormales y las letras invaden la línea siguiente.

Por lo general, este tipo de escritura indica que el inconsciente es muy fuerte en la persona, quien siente unas necesidades muy importantes, tanto desde el punto de vista material como alimentario. Por lo general, estas personas suelen ser muy instintivas y sensoriales, disfrutan con la comida y la sexualidad, y les gusta rodearse de comodidades y bienes materiales. Su carácter, como puede imaginarse, es muy poco idealista. Quien intente hacerse pasar por una persona de grandes aspiraciones, poco podrá ocultar con este tipo de escritura.

Además, en el caso de que haya constantes invasiones de líneas, habrá que interpretar que la persona suele entrometerse en la vida de los demás,

> **EJEMPLO**
>
> Hola me llamo Enrique, me gusta mucho la naturaleza, así como oir buena música, también me gusta el cine y el teatro sobre todo si es comedia el drama no me gusta, también soy muy romantico, y por nada me emociono, nada más un saludo

Escritura donde domina la zona inferior

sea con buenas o malas intenciones, por lo que será preciso tomar las debidas precauciones a la hora de tratar con ella.

Al trazar la analogía con el cuerpo humano, habría que destacar la línea vertical que une el cielo y la tierra, y que da más relevancia a los aspectos telúricos e instintivos de la vida. Si esta tendencia fuera excesiva en detrimento de las otras zonas, es muy posible que la persona sea demasiado materialista e inmovilista. Su instinto le pierde y le falta el mundo del cielo y el espíritu. Tal vez, incluso, se aferre demasiado a lo material y lo sexual, y le falte romanticismo, fantasía y curiosidad intelectual. Sin duda, necesita elevar un poco sus miras.

Qué revela nuestra firma

Parafraseando el célebre refrán, podría decirse «dime cómo firmas y te diré cómo eres», ya que la firma refleja con gran exactitud los recovecos más íntimos de una persona.

Mientras que la escritura del texto principal muestra cómo se desenvuelve una persona en el mundo (lo que de una manera más técnica podría denominarse *yo social*), en la firma están dibujados sus aspectos más íntimos. Por lo que si se desea conocer verdaderamente a alguien, será imprescindible contar con su firma.

Sin embargo, para realizar un grafoanálisis profundo y veraz habrá que contar con el texto y la firma de una persona, ya que las dos, por sí solas, no bastan en este caso. Sólo mediante su combinación puede saberse a ciencia cierta cómo es la persona.

Muchos grafólogos que han trabajado como asesores de agencias de selección de personal o de gabinetes de psicología reconocen que la firma es la parte de la muestra que más información les aporta, ya que les permite matizar y enmendar todas las conclusiones que habían obtenido a lo largo del análisis del texto principal.

De hecho, una de las experiencias más interesantes y originales que he tenido como grafóloga me la han proporcionado precisamente las firmas. Durante una época fui asesora de un concurso televisivo en el que tres hombres y tres mujeres se elegían mutuamente para formar pareja y ganar diversos premios, entre ellos un fantástico viaje. Mi trabajo consistía en analizar las firmas de los concursantes. Yo sólo tenía acceso a sus escritos y no les llegué a conocer personalmente, ya que eran el presentador y la presentadora quienes leían el análisis grafológico de la firma, que aparecía simultáneamente en la pantalla. Después, cuando veía el programa en casa era muy interesante ver si la firma concordaba con su imagen y si mis informes se correspondían con el carácter de los concursantes.

Para mí fue una experiencia muy divertida y enriquecedora, ya que me permitió analizar muchas firmas a un ritmo a veces. Dado que la edad de los concursantes oscilaba entre los 18 y los 75 años, pude estudiar un amplio espectro de la población española. Había gente de toda clase, de profesiones, orígenes y formación muy diversos. Estudié firmas de catalanes, madrileños, andaluces, vascos, gallegos, aragoneses y de otras regiones. Puedo decir que nunca veré tantas firmas juntas en mi vida como cuando trabajé en *Amor a primera vista* y *El flechazo*.

Otra de mis experiencias con firmas, que surgió a raíz de mi trabajo para los programas televisión, me la proporcionó un periódico de Gerona que me encargó estudiar los autógrafos de políticos y candidatos a alcaldes de la provincia. Fue un trabajo también muy interesante, ya que el contraste entre la imagen pública del político y su firma es siempre un tema apasionante para un grafólogo.

Puede decirse que me he convertido en una especialista en firmas, por lo que este capítulo es muy especial para mí.

La firma en cada edad

Nuestra escritura y nuestra firma van cambiando con el tiempo. Al principio, en la infancia, aprendemos a escribir gracias a que los maestros y maestras se encargan de inculcarnos unas nociones básicas de caligrafía. Después, durante la adolescencia, cuando nos buscamos a nosotros mismos, también ensayamos distintas firmas, en un intento de conseguir mostrar la imagen de madurez a la que aspiramos. De hecho, ya un poco antes, algunos niños en edad escolar se convierten en verdaderos artistas a la hora de imitar la firma de sus padres. ¡Quién no ha conocido a algún pillastre que intenta falsificarla y dar el pego en los boletines de las notas! Así pues, sea por esta u otra razón, muchos niños empiezan a firmar tomando como modelo a sus padres.

Otros, sin embargo, ya en la adolescencia, intentan ofrecer una imagen singular y original de sí mismos. De ahí que sean tan frecuentes en esa edad las firmas adornadas y extravagantes, que se prueban una y otra vez y con las que se intenta ofrecer un aspecto llamativo y a la vez «adulto». Durante esta época de cambios, la escritura y la firma evolucionarán al mismo tiempo que la persona, hasta lograr emanciparse del modelo caligráfico y adquirir un conjunto de características completamente definidas. Este desarrollo tiende a decrecer hacia la treintena, verdadera época de plenitud. Aunque, evidentemente, la evolución de la escritura también dependerá del desarrollo, tanto personal como cultural, de cada uno.

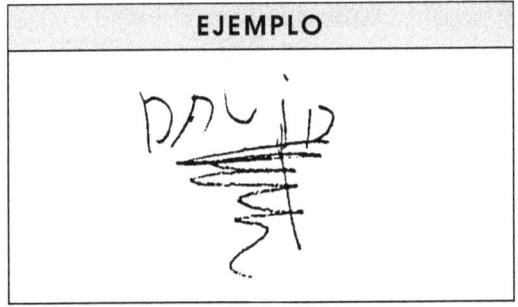

Firma característica de un niño

La firma es lo que permanece más inalterable y fuerte, por lo que los síntomas de enfermedad y deterioro de la vejez van a quedar antes reflejados en la escritura que en la firma. Hecho curioso, pero interesante, sobre todo en lo que se refiere a la grafología médica.

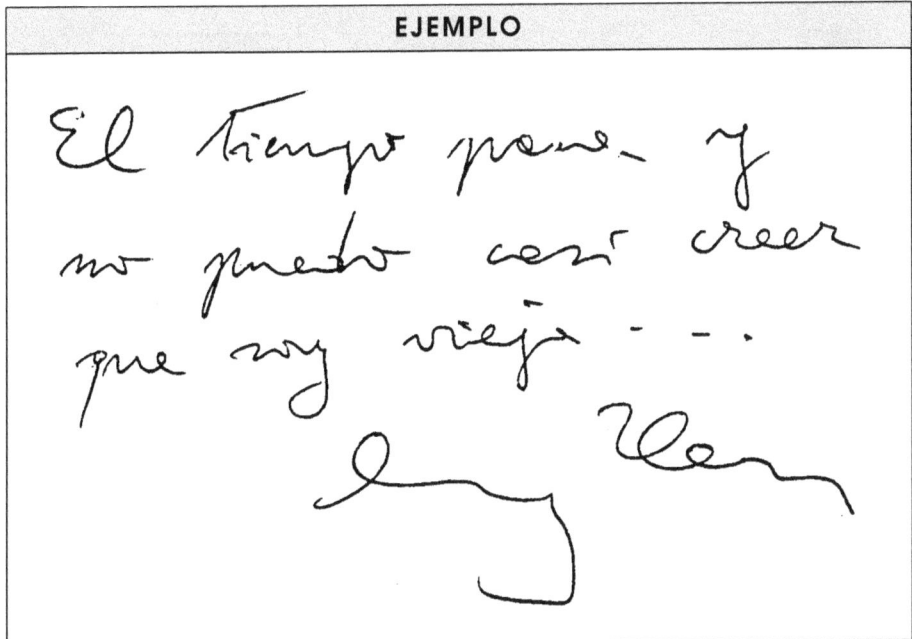

Firma característica de una persona mayor

Por qué cambiamos nuestra firma

Cuando una persona cambia su firma, es por alguna razón importante. La firma es, al fin y al cabo, la inscripción del nombre, la huella de nuestra posesión más íntima, aquella que nos ha acompañado y nos acompañará durante toda la vida. Nuestro nombre es lo que nos distingue, es la única palabra que será verdaderamente nuestra. Cuando lo escribimos, no sólo nos limitamos a juntar cada una de las letras, sino que intentamos darle un sesgo personal al trazo. A menudo, ni tan siquiera es legible: un solo gesto, un simple garabato en el que se concentran todas las cualidades que deseamos reflejar bastan para vernos representados. Es por ello que todo cambio de firma implica un cambio más profundo. Quien desea firmar de otra manera es porque ha decidido ser, en cierto modo, diferente.

Por ejemplo, si una persona que siempre firmaba con una letra o una rúbrica muy pequeña y envolvente, y ahora lo hace con otra más grande, abierta y sin cubrir, es porque seguramente habrá ganado una mayor seguridad. Ya no es necesario sentirse arropado hasta en ese gesto tan inocente.

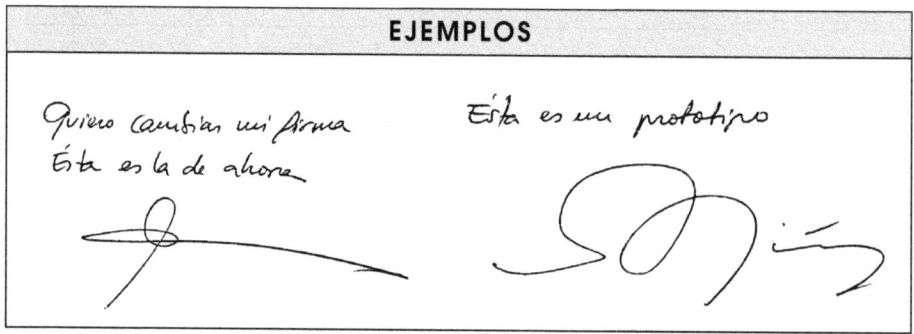

El cambio de firma a menudo responde al anhelo de una transformación más profunda

Si el cambio se produce espontáneamente, indica que la transformación personal ha sido natural y fluida. Otras veces, la persona, aunque inconsciente de su malestar, intuye que su firma es inmadura y da una imagen equivocada de lo que es en realidad. No es raro ver cómo muchas personas se pasan toda una tarde o más tiempo haciendo pruebas hasta encontrar la firma que más les gusta.

Esta forma de cambiar obedece a una crisis y debe entenderse como un cambio de piel.

Sin embargo, es poco creíble cuando la persona dice que va a cambiar de firma para cambiar de personalidad, forzando el trazo hasta lo indecible.

La firma, además de la representación de nuestro yo esencial, es también una importante tarjeta de visita. Nos sentimos impulsados a cuidarla y mimarla, tanto para gustarnos a nosotros mismos como a los demás. Pero siempre va a reflejar el estilo y el yo interior de cada cual.

Tener más de una firma

Hay personas que siempre firman igual, mientras que otras alegan que tienen más de una. Evidentemente, quien firme de varias maneras no padece de doble personalidad o esquizofrenia. El hecho de tener más de una firma puede deberse a muchos y variados motivos.

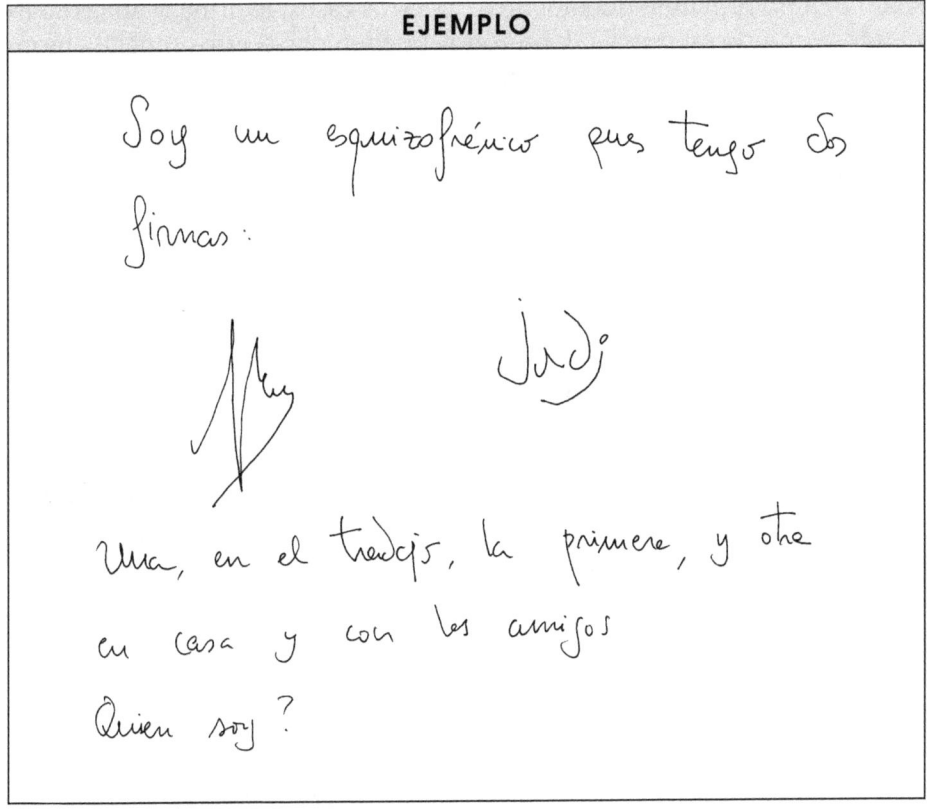

Dos firmas de un mismo autor

En primer lugar, es bastante frecuente que una persona tenga una firma para sus documentos profesionales y bancarios y otra para sus cartas y notas personales.

De hecho, estas personas mantienen una firma que no les agrada demasiado por razones prácticas: han firmado varios documentos importantes de los que no pueden prescindir y deben repetirla con la mayor exactitud posible cada vez que realicen un trámite relacionado con ellos. A menudo esa firma no les dice nada y buscan otra para uso personal con la que se sienten más identificados.

La primera firma a veces es sólo un garabato o «mosca» —como se la llama popularmente—, en la que la rúbrica usurpa la importancia de las letras. Las razones de este hábito pueden ser muy variopintas, si bien una de las más frecuentes es la economía: a menudo quienes firman de esta manera tienen un nombre muy largo, por lo que no pueden perder demasiado tiempo firmando documentos. Es estos casos, la firma acaba convirtiéndose en una estampilla. Con todos pueden darse otros muchos motivos, algunos más trascendentes que otros.

Si se compara la firma oficial de alguien con la personal, pueden obtenerse datos muy interesantes. Sin ir más lejos, si se observa el ejemplo de la ilustración de la página anterior, puede verse que la firma oficial —es decir, la que su autor utiliza para cuestiones administrativas— es más angulosa que la personal, cuyo trazo es redondeado y suave, tal como puede apreciarse en el punto de la i. Aunque pueden hacerse muchas conjeturas al respecto, tal vez su autor tenga que mandar y ser exigente, tenaz y enérgico para responder a las demandas de su puesto de trabajo, mientras que en su casa y con los suyos, sea acogedor, tranquilo, dulce y cariñoso.

En algunas ocasiones, la firma oficial puede ser completamente ilegible y la personal extremadamente clara, lo cual podría interpretarse como la manifestación del deseo por parte de su autor de salvaguardar su intimidad en sus relaciones sociales y laborales. Con sus amigos y familiares, en cambio, sería mucho más desenvuelto y espontáneo.

EJEMPLO

Sóc la gemma i no se escriure amb minuscules. No Tinc ni idea del que et puc explicar. Ja en Tens prou amb això? Olé !!

2ª signature

Dos firmas, una ilegible y otra clara

Los temperamentos y la firma

Al igual que en el texto principal de un escrito, se puede determinar el temperamento de una persona a través de los rasgos característicos de su firma.

Nuestra sociedad exige muchas veces que en ciertas circunstancias una persona adopte una actitud completamente opuesta a la que expresaría si le permitieran comportarse con naturalidad. A pesar de que pueda parecer extraño, no son pocos los casos en que alguien que tiene un temperamento nervioso debe conducirse como si fuera un linfático por razones laborales. En muchos casos el grafólogo aprecia cómo la letra del texto principal es de formas redondeadas, esmerada, casi caligráfica, con los óvalos marcados, y de una gran regularidad; y sin embargo su firma no tiene nada que ver. De hecho, en algunos casos, las conclusiones a las que ha llegado durante la primera fase del estudio pueden ser contradichas por lo que indica la firma.

Las causas pueden ser muy diversas, si bien por lo general sucede que la persona, por distintas razones, no ha podido desarrollar su carácter de acuerdo con su temperamento predominante. No es raro ver cómo el comportamiento de una persona cambia casi por completo nada más salir de su lugar de trabajo.

EJEMPLO

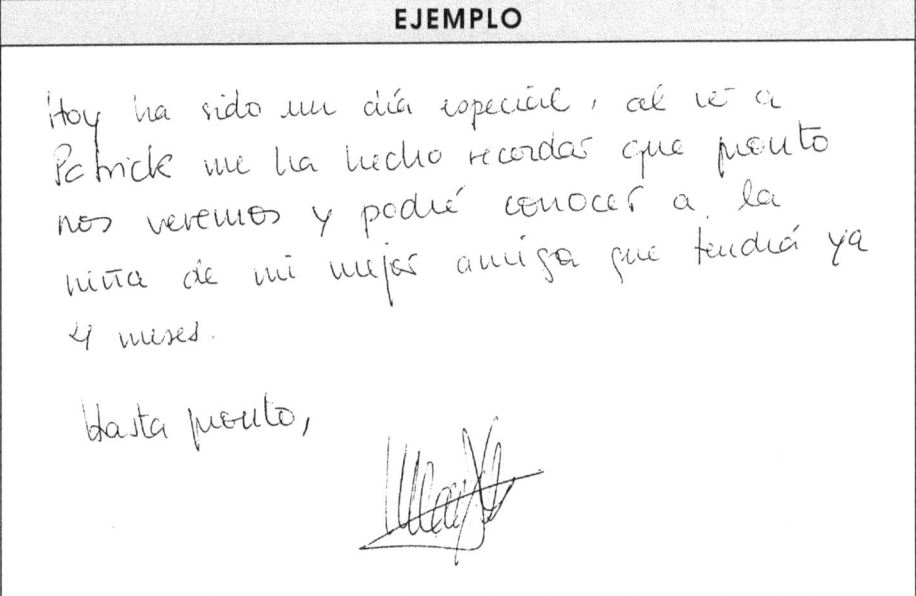

Texto y firma donde pueden apreciarse dos temperamentos muy marcados

La disparidad de rasgos entre la escritura del texto principal y la firma no debe entenderse como un veredicto o, lo que sería peor, como la manifestación de un trastorno. No hay razón por la que preocuparse, pues no se trata de una situación que no ha de cambiar. Ambos temperamentos pueden compenetrarse perfectamente, y es muy probable que al cabo de un cierto tiempo no pueda distinguirse cuál es el innato y cuál el adquirido.

Hay que pensar, además, que los estilos caligráficos en boga pueden modificar la escritura de una persona sin afectar a su temperamento. En la actualidad, por ejemplo, la escritura cuyos rasgos indican un temperamento bilioso o linfático está muy bien considerada, mientras que aquella que denota un temperamento nervioso, de rasgos filiformes e irregulares, se intenta corregir por las dificultades de lectura que plantea. Por lo general, los padres y los maestros la tildan de «mala» y obligan al niño a rellenar innumerables cuadernillos de caligrafía para que escriba de una manera más clara y armónica. Sin darse cuenta, están forzando su temperamento natural y potenciando otro, aunque de poco servirá, ya que cuando el niño se convierta en adulto habrá adaptado su letra a su manera de ser. Por ello, no hay razones para que una persona se avergüence de su manera de escribir. Es cierto que conviene hacerlo de la manera más clara e inteligible posible, pero sin echar por tierra nuestra personalidad.

Por ello, sería conveniente que los profesores y padres tuvieran ciertos conocimientos de grafología. No haría falta convertirse en unos expertos: tan sólo habría que tener claros los principios básicos para comprender que los rasgos de la escritura son una manifestación de la propia personalidad. De este modo, el niño podría desarrollarse de acuerdo con su temperamento, sin ser comparado con los demás en función de su buena o mala letra.

La firma de una persona de temperamento sanguíneo

La firma de este tipo de personas se caracteriza por ser nutrida y grande y escrita con cierta rapidez. Suele estar inclinada a la derecha y ser ascendente.

En la tabla siguiente, pueden verse todos los elementos que el grafólogo debe tener en cuenta a la hora de establecer si una firma puede atribuirse a una persona de temperamento sanguíneo. El procedimiento de evaluación será el mismo que el empleado en los casos anteriores: se asignará a cada entrada entre 0 y 3 puntos (según su presencia, intensidad y frecuencia), se sumarán los resultados y se extraerá un porcentaje.

TEMPERAMENTO SANGUÍNEO

Escritura nutrida	Inclinación a la derecha
Rapidez	Carácter ascendente
Tamaño superior a la letra del texto principal	—

EJEMPLO

Firma típica de una persona de temperamento sanguíneo dominante

La firma de una persona de temperamento nervioso

Las personas de temperamento nervioso firman ejerciendo una cierta presión sobre el papel. La escritura suele ser bastante precipitada e incluso poco clara. Muchas veces es más pequeña que la letra del texto principal.

En la tabla de evaluación, pueden verse todas las características propias de este tipo de firma. El grafólogo deberá asignar a cada una entre 0 y 3 puntos, sumar los resultados y extraer un porcentaje.

TEMPERAMENTO NERVIOSO

Presión fuerte o inhibida	Amontonamiento y confusión
Precipitación	Tamaño pequeño
Movimiento	—

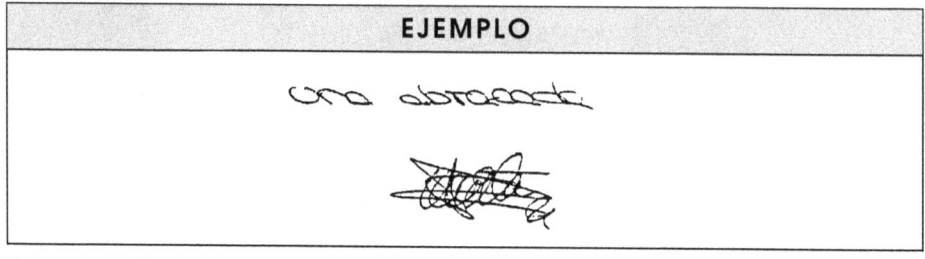

Firma típica de una persona de temperamento nervioso dominante

La firma de una persona de temperamento bilioso

Está en consonancia con la escritura propia de estas personas: de formas angulosas y más bien estrecha, a menudo es difícil de leer, cuando no completamente ilegible. Su sobriedad y firmeza, sin embargo, pueden ser dos elementos que le confieran un especial atractivo, sobre todo si la persona posee conocimientos de caligrafía.

En la tabla pueden verse las características más significativas de este tipo de firma. El grafólogo deberá asignar a cada una entre 0 y 3 puntos, sumar los resultados y extraer el porcentaje correspondiente.

TEMPERAMENTO BILIOSO	
Firme	Ligeramente ascendente
Sobria	Vertical
Horizontal	—

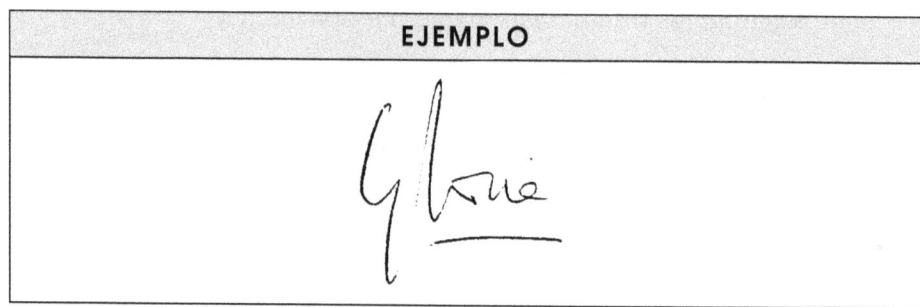

Firma típica de una persona de temperamento bilioso dominante

La firma de una persona de temperamento linfático

La firma de una persona de temperamento linfático es fácilmente reconocible gracias a su regularidad un tanto monótona, su letra redonda, ordenada y precisa. Muy a menudo suele ser legible, grande e incluso un tanto ampulosa, con una rúbrica muy bien dibujada.

En la tabla siguiente se detallan todas las características propias de la firma de una persona de este temperamento. El procedimiento de evaluación será el mismo que el empleado en los casos anteriores: se asignará a cada entrada entre 0 y 3 puntos, se sumarán los resultados y se extraerá un porcentaje.

TEMPERAMENTO LINFÁTICO	
De presión apoyada	Redonda
Lenta	Ampulosa (en zona alta y baja)
Automática	—

EJEMPLO
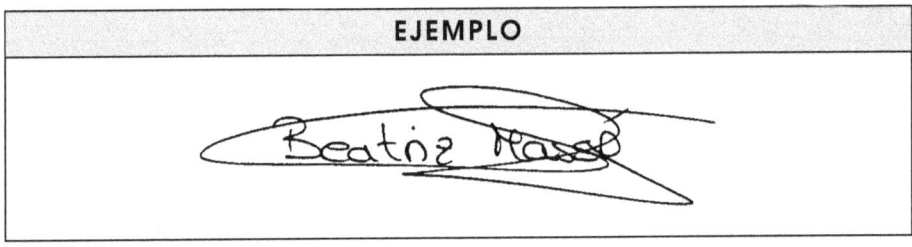

Firma típica de una persona de temperamento linfático dominante

La relación entre el texto principal y la firma

Como ya se ha apuntado al principio de este capítulo, para realizar un análisis grafológico completo es importante contar con un texto y la firma de la persona cuya escritura se desee analizar.

Si el texto representa cómo una persona se proyecta y se mueve en la esfera pública y la firma cómo es en la privada, analizando ambos conjuntamente se puede saber si se muestra tal como es o si existen diferencias entre esos dos modos de ser. Sin embargo, esta posible divergencia no siempre presupone que la persona no sea sincera.

En el caso de que no hubiese ninguna diferencia entre el texto y la firma, la persona mostraría un comportamiento similar tanto en la vida pública como en la privada. Si sus formas fuesen armoniosas, no existiría ningún motivo para pensar que oculta algo. Si no lo fueran, tampoco habría nada que temer, ya que podrían preverse sus cambios de humor con mayor seguridad.

EJEMPLO

Encara que no estigui gaire inspirada, miraré d'escriure tres línies. No sé si podré, però el més important és intentar-ho. Bé, comencem i provem-ho

Munsa

Texto y firma iguales

Por el contrario, si la firma es diferente del texto, revela que, sea por la razón que fuere, la persona no se muestra abiertamente tal como es. Seguramente bastará con conocerla un poco más para darse cuenta de que es una caja de sorpresas, sobre todo si hasta ese momento se la ha tratado sólo en su lugar de trabajo.

Evidentemente, quien se comporte de este modo no tiene por qué ser mentiroso ni malvado. En la mayor parte de los casos, un cambio de temperamento tan acentuado viene provocado por una cierta timidez o reserva ante los demás.

Ahora bien, si la escritura del texto es artificial, su autor desea parecer otra persona diferente. Los rasgos pretendidamente elegantes o artificiosos le sirven como máscara. En estos casos, el grafólogo deberá poner en juego toda su perspicacia para ver dónde están las diferencias. En la mayor parte de los casos, la presión, el tamaño o la velocidad dan las claves de este cambio de apariencia.

> **EJEMPLO**
>
> Antes de intentar saber como son los demas, debemos procurar conocernos a nosotros mismos.
>
> La grafologia puede ser un medio, pero si se basa en la interpretacion subjetiva de alguien, siempre sera condicionada a las experiencias anteriores del sujeto que lo analiza, pero... ¿la letra refleja realmente el subconciente o simplemente los reflejos del aprendizaje.?
>
> Barcelona a 1 de Junio 1999

Texto y firma diferentes

La rúbrica

La rúbrica que se realiza después de la firma reviste gran importancia en el análisis grafológico. Consiste en una o más líneas añadidas al nombre cuyo carácter es casi siempre de refuerzo. Grafológicamente la importancia de la rúbrica es notable. Se trata de un signo que el escribiente coloca de manera espontánea y cuya interpretación es muy esclarecedora.

La firma sin rúbrica delata a una persona modesta y sensible, y más si en el escrito se aprecian otros rasgos que lo insinúen. Si no fuese así, la ausencia de este trazo tal vez indicase apatía y parquedad.

Con todo, la presencia o ausencia de una rúbrica no son siempre significativas. En algunos países no se acostumbra a hacerla. De hecho, su uso es más habitual en los países latinos que en los anglosajones. Algunos expertos explican esta diferencia basándose en la gestualidad propia de cada cultura, ya que los latinos suelen ser mucho más expresivos que los anglosajones, nórdicos o germanos, lo cual significaría que la rúbrica equivale a los gestos con los que el interlocutor subraya sus afirmaciones.

Por otro lado, hay que tener en cuenta que muchas personas creen que una rúbrica recargada acentúa la importancia del texto. Algunas, de hecho, llegan a ser intrincados arabescos dignos del pintor más caprichoso. Sin embargo, debe tenerse presente que una firma será más positiva cuanto más simple sea, ya que indicará que su autor o autora no necesita del apoyo de la rúbrica para mostrarse tal como es.

Los adolescentes tienden a dibujar rúbricas de una cierta complejidad, quizá porque atraviesan una etapa en la que intentan construir su propia identidad. Una firma llamativa, intrincada, les permite afirmarse y llamar la atención de los demás. Con el paso de los años, a medida que una persona madura, todos estos elementos accesorios van desapareciendo y el nombre se convierte en el elemento más importante. Es en ese momento cuando la rúbrica se hace más sencilla y expresiva.

No obstante, todos estos juicios son aproximativos. Que un español o un argentino firme con rúbrica no significa que tenga menos personalidad que un danés o un sueco. La presencia o ausencia de este trazo es significativa, pero lo es mucho más la manera como ha sido realizado y la relación que guarda con el nombre.

En un contexto cultural como el nuestro, si una persona firma sólo con su nombre o lo acompaña con una línea suave y concisa, podrá pensarse que es sencilla. Sin embargo, antes de pronunciarse, hay que tener presentes las características de los diferentes tipos de rúbrica que existen y sus significados.

EJEMPLO

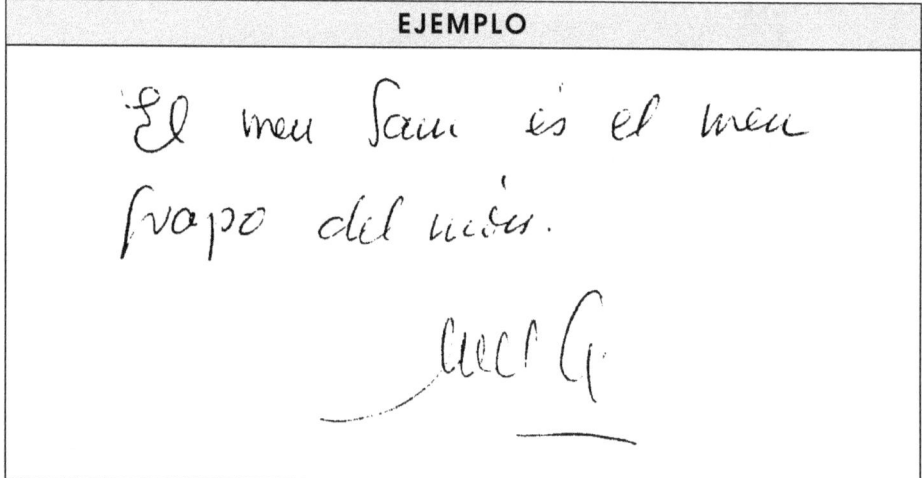

Rúbrica sencilla

Tipos de rúbrica

La rúbrica puede interpretarse de forma muy diversa, atendiendo a su forma, dimensión y dirección. A continuación, pueden verse algunos de los tipos más frecuentes.

RÚBRICA CON PUNTO

Si la persona coloca el punto antes de firmar con su nombre, indica reflexión y pausa antes de lanzarse a la acción.

En cambio, si lo hace después de firmar o bien debajo de su nombre, revela que es prudente, desconfiada o que por alguna razón tiende a ponerse límites.

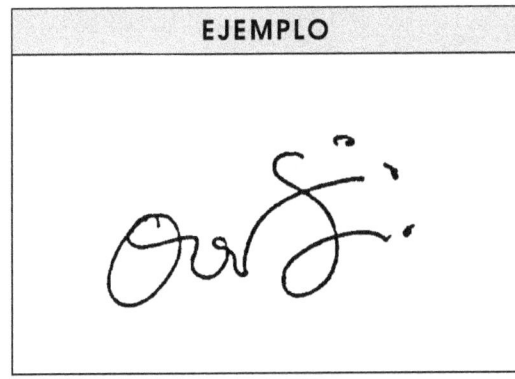

Rúbrica con punto

SUBRAYADO

Su interpretación dependerá de la longitud y dirección de la rúbrica.

Si es paralela a la firma y menos larga que el nombre, puede ser un gesto vigorizante que indique que la persona tiene una buena imagen de sí misma. Sin embargo, si fuese más larga que el nombre —o el nombre y los apellidos—, indicaría un cierta carencia de autoestima, ya que su sentimiento de valía y seguridad personal dependen de la admiración y respeto que despierte en los demás, lo cual indica que a la persona le falta un cierto aplomo y busca compensar un cierto complejo de inferioridad.

Rúbrica subrayando el nombre

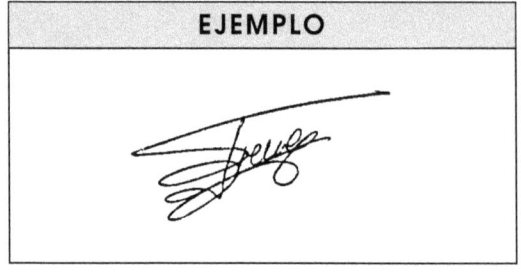
Rúbrica por arriba

Si la rúbrica es una línea recta horizontal que cubre el nombre por la parte superior como si se tratase de un paraguas, indica que la persona es precavida y desconfiada y tiende a disimular para protegerse de los posibles aguaceros que pudiesen caerle.

Por otro lado, si la persona firma entre dos líneas paralelas, indica que avanza en pos de un objetivo que se ha propuesto y que no cejará en ello.

Además de tenaces y testarudas, estas personas son disciplinadas y constantes, si bien también pueden obsesionarse con sus proyectos y ser egoístas. Quien firme de este modo sabe lo que quiere y no tolerará ningún cambio de última hora que le aparte de sus fines, lo cual puede impedir su adaptación a un entorno en el que deben tomarse soluciones de manera inmediata y en función del problema que se plantee.

A menudo estas personas poseen un exceso de energía que les impide comportarse de manera natural, por lo que deben canalizarla mediante algún tipo de actividad física al margen de su vida laboral.

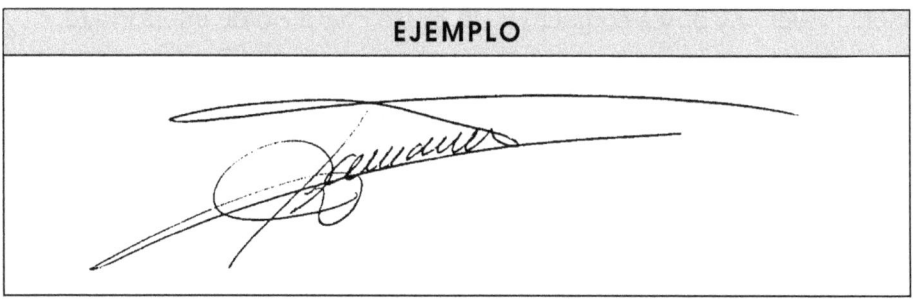
Firma entre dos paralelas

Por último, si el subrayado se hace encima del nombre —o del nombre y de los apellidos— indica que la persona se está tachando a sí misma, lo cual no es muy positivo, ya que puede indicar un desprecio por sí misma y una cierta tendencia a la autodestrucción.

Sin embargo, ese malestar interior no tiene por qué materializarse de un modo violento. En muchos casos se trata de un agudo sentido crítico y de un perfeccionismo excesivos. Quien firma de esta manera no se gusta y desea cambiar de aspecto y de comportamiento. Con todo, es muy posible que se trate de un estado transitorio.

> **EJEMPLO**
>
> Una sonrisa cuesta poco y produce mucho.
> No empobrece a quien la da y enriquece a quien la recibe.
> Una sonrisa alivia el cansancio, renueva las fuerzas y es consuelo en la tristeza.
> Una sonrisa tiene valor desde el comienzo en que se da.

Rúbrica tachando el nombre

RÚBRICA EN FORMA DE CURVA

La curva indica siempre adaptación y suavidad. Si la rúbrica se curva al principio y deja la firma abierta a la derecha, indica que su autor acepta con gusto cuanto le depare el futuro, es receptivo y se apoya en el pasado antes de emprender un proyecto.

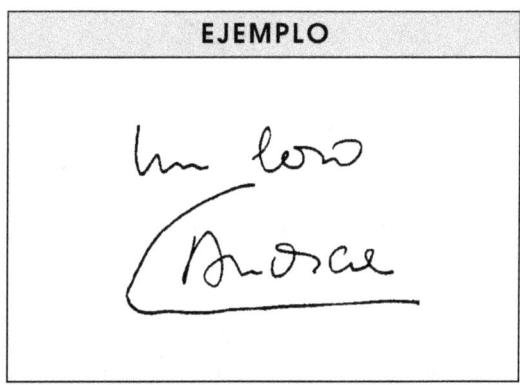

Rúbrica curva con apertura a la derecha

En el caso de que la rúbrica adopte una forma de cueva o «boca de lobo» —que es el término que los grafólogos emplean en estos casos— y cubra el nombre por arriba y por abajo, dejando sólo una pequeña abertura, indica que es cautelosa, que le falta seguridad

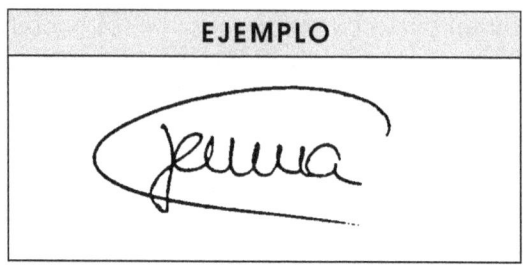

Rúbrica en forma de boca de lobo

y que sólo se abrirá a los demás si ha tomado plena confianza con ellos.

Si, por el contrario, la apertura de la curva se encuentra a la izquierda, la persona será de planteamientos un tanto conservadores y anclada en el pasado, donde se encuentra completamente segura.

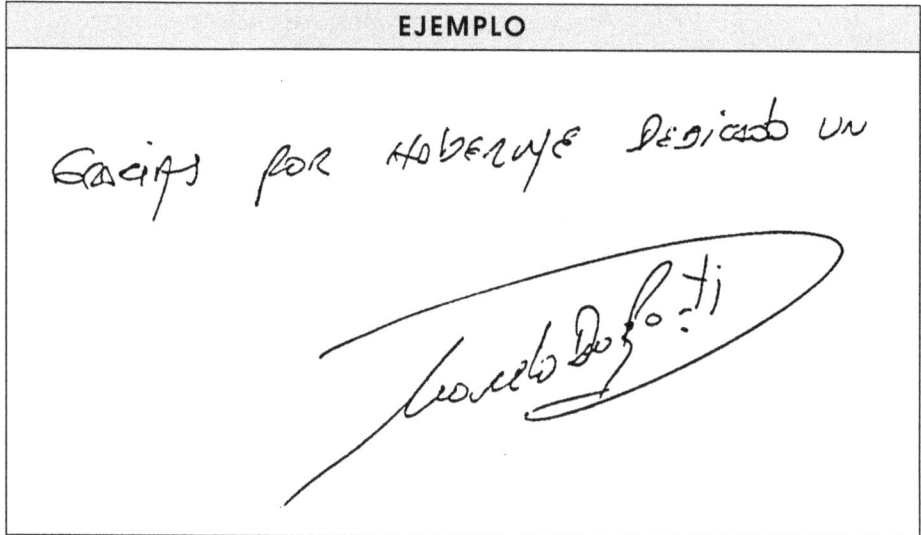

Rúbrica curva con apertura a la izquierda

Si la rúbrica curva envuelve todo el nombre, indicará que la persona se encierra en sí misma, es celosa de su libertad y protegerá su intimidad de un modo absoluto, sin permitir que nadie se entrometa en sus asuntos. Sin embargo, puede indicar también inseguridad y miedo ante el mundo, por lo que el gesto del trazo podría interpretarse como un deseo de volver al seno materno y evitar cualquier problema.

> **EJEMPLO**
>
> *"Si quieres conocerte, observa a los demás. Si quieres entender a los demás, mira en tu corazón.*
> *En el origen de todas las grandes fortunas hay cosas que te hacen temblar."*

Rúbrica envolvente

RÚBRICA CON LAZADAS Y BUCLES

Los lazos y bucles son siempre seductores y amistosos, obra de personas de carácter agradable y acogedoras a las que no gustan las peleas ni los enfrentamientos. Sin embargo, también es la típica firma del comerciante, que sabe seducir y conquistar al posible cliente.

> **EJEMPLO**
>
> Y ya, esperando que elijáis se despide la chica perezosa y simpática

Rúbrica con lazadas y bucles

Es muy importante distinguir si las lazadas y bucles enredan el nombre o lo subrayan. En el primer caso, la persona puede ser un tanto fantasiosa consigo misma y a veces muy subjetiva, mientras que en el segundo será más hábil, seductora y poseerá unas considerables dotes de persuasión.

Rúbrica con cruces y arpones

La cruz es un símbolo de autoafirmación y combatividad. La persona que rubrica su firma de este modo es competitiva y posee un espíritu luchador. Indica claramente su voluntad de poder y una tendencia a la dominación y el control que puede llegar a asfixiar por completo sus facetas femeninas, más sensibles.

Si la cruz estuviese sobre el nombre, el significado sería el contrario, ya que la persona manifestaría un sentimiento autodestructivo bastante acentuado. Sin embargo, no hay que dejarse llevar por los análisis apresurados,

---

EJEMPLO

Hoy en día, en nuestra sociedad, la lucha de sexos por la igualdad parece un problema obsoleto. Pero la realidad no es otra que la mujer trabaja dentro y fuera del hogar con más fuerza e ímpetu que los hombres, y para llegar a conseguir lo que cada una se propone debe trabajar y "demostrarlo" mucho más que cualquier hombre.

(Evidentment es una opinió personal)

Rúbrica en forma de cruz

ya que a menudo un trazo como este indica que su autor es abnegado y no duda en sacrificarse por una causa que considere importante.

Por otro lado, el arpón es también un signo que implica lucha y expresa una gran tenacidad. Una persona que firme de este modo no cejará nunca.

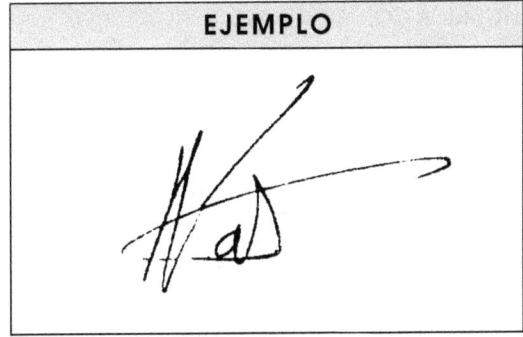

Rúbrica en forma de arpón

RÚBRICA DE FORMAS COMPLICADAS

A menudo, las firmas poseen rúbricas complicadísimas. Todas ellas muestran la necesidad de esconderse. Sin embargo, también pueden indicar que su autor o autora está desorientada. Si la escritura del texto principal no deja verlo, es muy posible que la persona se esfuerce por ocultar esa desazón.

Sin embargo, tal vez no exista un problema íntimo. En algunos casos una firma de este tipo puede indicar que la persona es mucho más emotiva y nerviosa de lo que parece y que está pasando por una etapa de ansiedad en la que le es muy difícil ser objetiva.

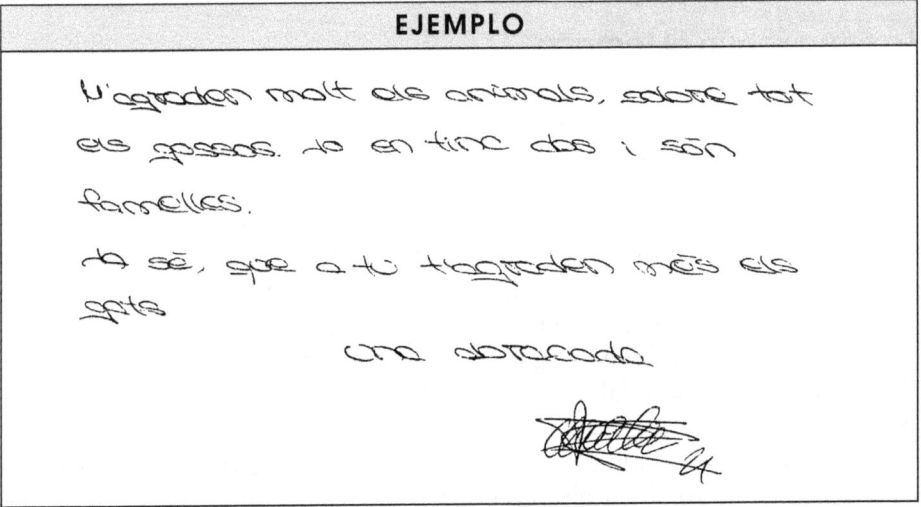

Rúbrica en forma de tela de araña

RÚBRICA CON DIBUJOS

Los dibujos en la rúbrica pueden tener muchos significados. Unas veces se pueden relacionar con la profesión del que firma y otras con una caricatura de sí mismo.

A menudo denotan que la persona posee un temperamento creativo especial y que desea expresarse de un modo que llame la atención de quienes le rodean.

Rúbrica con dibujo

La firma y los géneros gráficos

Los géneros gráficos, ya descritos ampliamente en un capítulo anterior, pueden dar muchas claves a la hora de interpretar una firma, sobre todo los relacionados con el tamaño, la inclinación, la velocidad, la presión y la forma. A continuación pueden verse algunos casos con sus respectivas interpretaciones.

La firma según el tamaño

A la hora de juzgar el tamaño de una firma, siempre deberá hacerse tomando la escritura del texto principal como referencia, ya que permite establecer un mayor número de características.

Al escoger las muestras, el grafólogo debe proceder con precaución, ya que habrá de prescindir de todas aquellos escritos en que la letra haya sido agrandada para llamar la atención, tal como puede apreciarse en las notas y avisos que suelen dejarse en un lugar bien visible. Además, hay que tener en cuenta que muchas veces la letra se ha alterado para resultar más inteligible o atractiva, lo cual alterará notablemente las interpretaciones que puedan hacerse del escrito en cuestión.

Los documentos que mejor responden a este tipo de estudios son los que una persona suele escribir en circunstancias normales, sin verse impelida por las prisas ni necesitar que nadie la atienda.

Si la firma es pequeña indica que, interiormente, la persona es tímida, discreta y muy positiva.

Además, en el caso de que su forma. en líneas generales, fuese más redondeada que angulosa, puede hablarse incluso de altruismo y consideración hacia los demás.

Si fuese mucho más pequeña que el texto, a la persona puede faltarle confianza en sí misma y aplomo y es posible que oculte un complejo de inferioridad bastante acentuado.

EJEMPLO

Firma pequeña

Por el contrario, una firma grande expresa autoafirmación, extroversión y confianza en uno mismo.

Si el tamaño fuese muy desproporcionado respecto al texto principal, tal vez la persona albergue un complejo de inferioridad que desee disimular o se sienta menos considerada de lo que ella cree merecer.

En cambio, si la firma fuese muy alta, es posible que el autor desee llamar la atención sobre sí mismo y demostrar su valía. A menudo esconde un cierto sentimiento de superioridad.

> **EJEMPLO**
>
> Mi papá fuma en pipa.
>
> Mi mamá fuma porros.
>
> mi hijo Esteve juega al basquet.
>
> Eva era la primera pecadora.
>
> Mercè Mampel

Firma grande

Si la firma es similar al texto, puede considerarse algo positivo, ya que indica que la persona posee un equilibrio emocional notable.

> **EJEMPLO**
>
> Y seguro que este año no lo podrá olvidar, dadlo por seguro!! Bien solo me queda felicitarla de ante mano
>
> Felicidades Elseuda!!

Firma de dimensiones similares a las del texto

La firma según la dirección

Si la escritura del texto es horizontal o descendente y la firma, por el contrario, fuese ascendente, es muy posible que la persona posea una gran fuerza de voluntad que le permita luchar contra sus preocupaciones, problemas y cansancio.

EJEMPLO

Estoy pasandola fatal ahora el dolor de lumbago no me hace nada feliz.

Texto horizontal y firma ascendente

Asimismo, quien firma de este modo posee una personalidad ambiciosa e inconformista que no ha encontrado todavía su completa satisfacción interior. Muy a menudo se trata de personas que actúan con un cierto sentido práctico pero que en el fondo son muy idealistas.

Este tipo de firma ascendente es muy propia de adolescentes y jóvenes que se están buscando a sí mismos, son idealistas, románticas y, como es lógico en esta etapa, carecen de la experiencia necesaria para ser más objetivos con la realidad.

Por otra parte, cuando la escritura del texto es ascendente y la firma horizontal o descendente, sus autores suelen ser personas que se adaptan perfectamente a su entorno social y profesional y desean adquirir conoci-

> **EJEMPLO**
>
> *No faig servir per res les vagues de l'anorag*
> *El dibuixos de la impresora son moalt vagues*
>
> *Hugo Sentmenat Vila*

Texto horizontal y firma ascendente típicos de un adolescente

mientos prácticos. Su trato es cordial y suelen tener suficientes cualidades para relacionarse con los demás. Sin embargo, ello no quiere decir que carezcan de problemas, sino que prefieren mantenerlos ocultos en su interior.

> **EJEMPLO**
>
> *Cuando llega el fin de semana, todos los que trabajamos aprovechamos el buen tiempo para escapar y liberar nuestra mente de todas las preocupaciones.*
>
> *Los que tienen hijos y lo dedican a ellos puede que el fin de semana no sea para descansar pues que al caer la noche quedamos agotados delante del televisor. Por otro lado, se produce una satisfacción y relajación mental al disfrutar de la vida familiar llegando al trabajo fresco.*
>
> *Jordi Romeu 9-5-99*

Texto ascendente y firma horizontal

La firma descendente, por sí sola, indica que la persona se siente decaída o muy abatida.

Si el texto y la firma coinciden en su dirección descendente, caben muchas posibilidades de que la persona esté pasando por una depresión, aunque puede no ser tan grave como parece, sobre todo si la tendencia de la firma es menos acusada que la del texto general.

La firma según la inclinación

Si la escritura del texto es vertical y la firma inclinada, la persona controla las emociones en su vida social, mientras que en la esfera privada muestra de manera mucho más notoria sus sentimientos y es más apasionada.

EJEMPLO

Texto vertical y firma inclinada

Si la escritura del texto es inclinada y la firma vertical, revela que la persona está abierta a nuevas ideas, es sensible, receptiva y se adapta a las nuevas situaciones con mucha rapidez. Sin embargo, suele ser mucho más exigente en su vida privada y es muy difícil convencerla de que se comporte de una manera completamente diferente. En muchos casos, estas personas pueden parecer muy accesibles, si bien en la intimidad son muy reservadas.

Este tipo de firma combinado con el texto vertical es sin embargo muy típica en personas de un temperamento muy independiente y que por cuestiones laborales deben mostrarse muy sociales de cara al público.

EJEMPLO

Texto inclinado y firma vertical

Si coinciden el texto y la firma, posiblemente no habrá variaciones sustanciales de carácter, tanto si la persona es reservada como si es extrovertida.

EJEMPLO

Concordancia entre la inclinación del texto y de la firma

La firma según la velocidad

Si la firma es más lenta que la escritura del texto, indica que cuando la persona reflexiona y se involucra en un proyecto hace oídos sordos de cuantas opiniones se le den y sigue sus propios criterios e intuiciones. Ello no empece que acometa su trabajo con dinamismo y se adapte a los cambios que puedan surgir. Esta actitud obedece más a un sentido muy agudo de la disciplina y el rigor que al egocentrismo.

EJEMPLO

> En primer lugar, y como ya os comentaba, me encanta imitar, gastar bromas, cantar y por supuesto leer.
> Pero como también soy muy sincero me gustaría aprovechar esta oportunidad para intentar trabajar en T.V., que es el mayor sueño de mi vida, y como todo en la vida en esto también se necesita un pequeño apoyo.
> Sin enrollarme más os doy un besito y espero que nos veamos muy pronto.

Firma más lenta que el texto

Si la firma es más rápida que la escritura del texto y un tanto precipitada, tal vez se deba a un cierto talante desenfadado. Por lo general, quien firma de este modo suele tener un carácter abierto y expansivo, pero también sensible y vulnerable afectivamente.

Las firmas movidas indican que la persona siente una gran necesidad de vida, movimiento y emociones que no siempre la vida social y sus responsabilidades profesionales le permiten.

Si la firma es muy descontrolada, es posible que su autor sea muy impulsivo y sienta una necesidad apremiante de liberarse aunque también puede indicar una cierta inseguridad personal.

EJEMPLO
(ejemplo manuscrito: "Cada instante es un puente hacia el siguiente. Si nos paramos, estamos en la orilla equivocada. Si condicionas el futuro a las experiencias del pasado, no vives el presente. Lo único que importa es el aquí y el ahora" con firma)

Firma más rápida que la escritura del texto

Si la velocidad es la misma en la firma y el texto y los demás géneros gráficos coinciden en similitud, su autor no será demasiado proclive a poseer un tipo de comportamiento en su vida privada y otro completamente distinto en su vida pública.

EJEMPLO
(ejemplo manuscrito: "Espero veros pronto da nuevo. Un baso Mª Carucau")

Concordancia de velocidad entre la firma y el texto

La firma según la presión

En el caso de que el grafólogo pudiese apreciar una presión mucho mayor en la firma que en el texto, tendría que interpretar que la persona que ha escrito la muestra posee un notable carácter práctico y una gran capacidad de concentración.

Voluntariosa y tenaz, también puede ser algo rígida e intransigente con los suyos, a la vez que algo dominante. Aunque socialmente es educada y puede mostrar una imagen mesurada y suave, suele ser más superficial de lo que parece.

EJEMPLO

Firma más presionada que el texto

En el caso de que hubiese más presión en el texto que en la firma, la persona podría albergar algún problema en su relación con los demás, ya que por lo general haría gala de una intransigencia rayana muchas veces en la hostilidad. Sin embargo, en su vida privada puede ser completamente diferente. Cuando la persona se relaja y toma confianza es cuando puede ser más acogedora y suave. Tal como dice el refrán, «no es tan fiero el león como lo pintan».

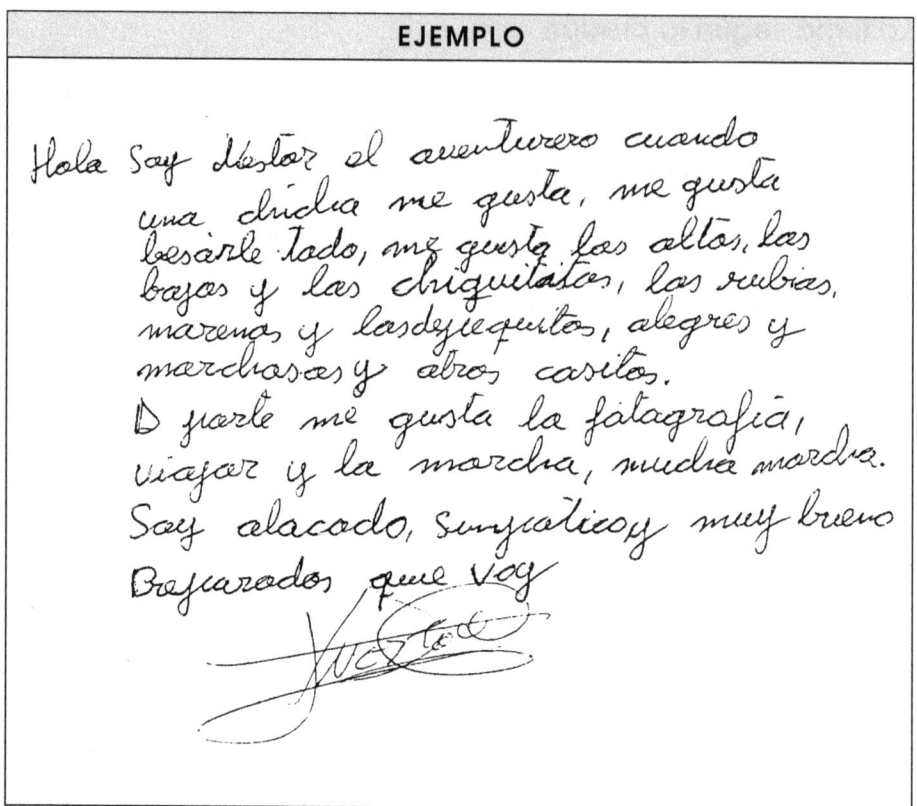

Texto más presionado que la firma

La firma según la forma

Antes de juzgar una firma por su forma, debe observarse atentamente si se ha trazado de manera espontánea, tal como puede suceder en una carta privada, o bien se ha colocado en un escrito oficial. En el primer caso suele consignarse tan sólo el nombre, mientras que en el segundo aparecen el nombre y los apellidos y se ha cuidado mucho más su apariencia, en un intento de causar la mejor impresión posible.

Firma angulosa y firma redondeada

A grandes rasgos, las firmas angulosas expresan dureza y firmeza, mientras que las redondeadas indican flexibilidad y amabilidad.

Por lo general, una firma angulosa, casi punzante, indica que una persona puede tener un carácter decidido y tenaz, no sin ciertos ribetes de brusquedad que a veces hacen que el trato sea más difícil.

Por el contrario, una firma redondeada indica una mayor suavidad e imaginación.

Es posible que en una firma se encuentren trazos angulosos y trazos redondeados, lo cual lleva a pensar que la persona puede combinar en su carácter un talante luchador con unas ciertas dotes de seducción. A menudo, quienes firman de esta manera suelen ser relaciones públicas o vendedores de gran éxito.

Además, si los trazos angulosos y los redondeados de la firma coinciden con los del texto general, la persona se muestra tal como es y no da sorpresas en la intimidad.

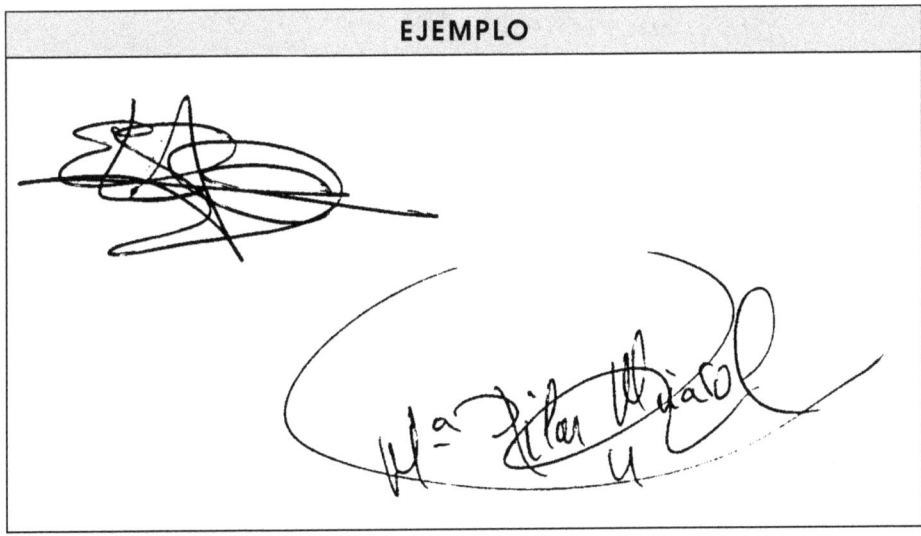

Firma angulosa y firma redondeada, respectivamente

Firma adornada y firma sencilla

A pesar de que una firma adornada puede denotar una vanidad y unos deseos de aparentar más que notables, también puede indicar que su autor posee una gran creatividad. A fin de no caer en errores, el grafólogo tendrá que comparar escrupulosamente la firma con el texto principal antes de emitir su juicio.

Por lo general, una rúbrica en forma de lazo o bucle indica un carácter coqueto y seductor. En el caso de que la negatividad del texto fuese muy acentuada, entonces habría que pensar que quien lo ha escrito oculta algo.

Si además la letra es adornada, la persona tendrá un carácter eminentemente fantasioso y gustará de alterar la realidad interpolando elementos que la hagan más atractiva.

EJEMPLO

Firma adornada

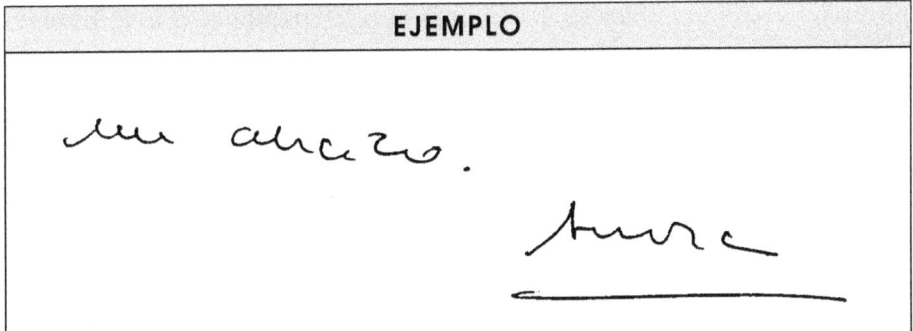

Firma sencilla

Por el contrario, una firma sencilla, de formas simplificadas, es propia de una persona directa y natural, que da más importancia al mundo interior que a la apariencia exterior.

Por otra parte, si el texto fuese evolucionado y la firma, en cambio, caligráfica, podría interpretarse el manuscrito como un indicio de que la persona aparenta una mentalidad más abierta de la que en verdad posee. Sin embargo, según los rasgos, también puede interpretarse como la manifestación de una naturaleza sensible, de carácter agradable y de fácil trato, aunque en lo que respecta a lo personal, puede que su talante sea menos

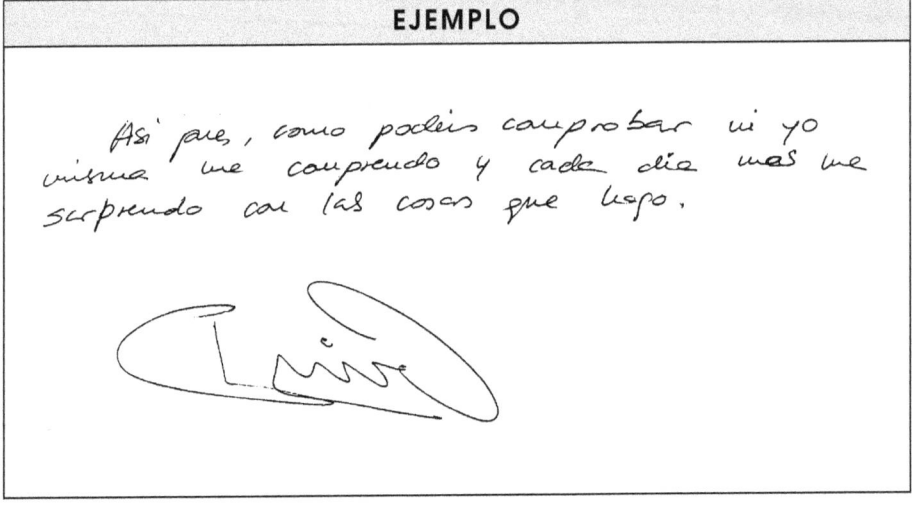

Texto más evolucionado que la firma

permisivo y tienda a ser muy exigente con las personas que le rodean. Muchas veces, estas actitudes no afloran hasta que surge un problema imprevisto que pone en tela de juicio cuantas ideas ha defendido.

En el caso de que la firma sea evolucionada y el texto caligráfico, es muy posible que su autor o autora posea una gran creatividad y no sepa cómo expresarla. Muchas veces llegará a sentirse bloqueado y podrá sentir una gran tensión entre su mundo interior y el exterior que le impedirá mostrarse tal como es en público.

EJEMPLO

Firma más evolucionada que el texto

La firma según su disposición en el papel

Siguiendo el simbolismo de las zonas del espacio, la situación de la firma en el papel nos dará muchas claves de la personalidad del autor o la autora del escrito.

Si la firma está centrada y es además de un tamaño mucho mayor que el texto, indica que a la persona sólo le interesa el presente. Por lo general, suele tener un alto concepto de sí misma y desea convertirse en el centro de atención de todas las reuniones. Su mayor deseo consiste en convertirse en una persona imprescindible para todo el mundo.

Si la firma está próxima al texto, revela que es una persona dinámica y que se implica fácilmente en cualquier labor, ya que gusta del contacto con los demás.

> **EJEMPLO**
>
> Me llamo Carla, vivo en Catalunya i he viajado mucho. No sé que decir. No tengo nada que decir. No sé escribir. No tengo ganas de decir nada. Estoy escribiendo un tío, como "Laberint d'Ombres", la serie catalana filmada en Sabadell. Seré actriz? Seré escritora? Seré ecologica? No sé. No lo sé.

Firma centrada y mayor que el texto

Si está muy pegada al texto, indica una familiaridad excesiva, por no decir dependencia, con la persona a la que se dirige. Quienes escriben de este modo, pocas veces pueden ser objetivos con los demás, sobre todo si guardan con ellos alguna relación.

> **EJEMPLO**
>
> ¡Hola! Me llamo Jordi:
>
> Tengo 40 años, estoy casado con una negrita guapísima de Cuba. El día 21-X-98. Nació mi primera hija. Se llama Kenic
>
> El nombre fue idea mía, yo quería un nombre fuera de lo común, facil de recordar y pronunciar, y a la vez, que se sintiera orgullosa de sus orígenes.
>
> Desde que conocí a María. Mi mujer. Mi vida ha dado un giro de 180°. Parece que al fin he sentado la cabeza
>
> un saludo 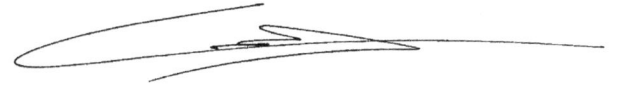 amigo

Firma próxima al texto

Por el contrario, si la firma se encuentra bastante alejada del texto principal, la persona poseerá un carácter mucho más fuerte e independiente que le obligue a distanciarse un tanto de las personas con quien se relaciona.

Si la distancia entre el texto y la firma es notable, posiblemente se trate de alguien con un carácter muy reservado y egoísta que no desee comprometerse con nadie. Si la persona en cuestión firmase sólo con sus iniciales, aún será de peor trato.

EJEMPLO

Me gusta estar en la playa porque el fin de semana se hace más largo, pasear, ver el agua, leer un libro al sol, la sensación de no tener prisa.

Teresa

Firma alejada del texto

Una firma a la derecha suele ser el fiel reflejo de una persona curiosa, extrovertida y abierta al futuro, sobre todo si lo confirman otros rasgos gráficos del texto manuscrito, tales como una rúbrica alineada al mismo lado.

> **EJEMPLO**
>
> *Mientras la energía vital fluye libremente, el individuo disfruta de buena salud y vive en armonía con las leyes universales.*
>
> *Mercadó*

Firma situada a la derecha de la página

Por el contrario, la persona que firma a la izquierda suele ser bastante introvertida. De talante más bien conservador y tradicional, sólo se sentirá segura mientras se conserven las convenciones y no se cuestione nada.

> **EJEMPLO**
>
> *Soy aficionado al Fútbol desde pequeño, viví la época dorada del Barça, donde se consiguió la única Copa de Europa que tiene en sus vitrinas, Me parece imposible lo vivido. Visca el Barça y Visca Catalunya.*

Firma situada a la izquierda de la página

El secreto de cada letra

Después de haber observado el escrito en su conjunto, la alineación de las palabras, los diferentes gestos que lo caracterizan y la firma, así como de ver cuáles son los posibles significados, es preciso dar otro paso adelante en el análisis y acercarse a la unidad mínima de un texto: la letra.

Los grafólogos consideran que existe un grupo de letras, llamadas *reflejas*, cuya forma de ser trazadas permite apreciar diversos aspectos de la personalidad del autor. De hecho, el modo de escribir cada una de ellas responde a una motivación diferente de la personalidad.

Por ejemplo, los óvalos hablan de cómo se comunica cada persona, las des dicen mucho de cómo es su intelecto y las tes indican si es dominante e impaciente.

El significado de los óvalos

Los óvalos son ese trazo redondeado en forma de círculo. Están presentes en bastantes letras del abecedario. Para los grafólogos son especialmente significativas las aes, las oes, las des y las ges.

Según sea el grado de apertura o cierre que posean, nos indicarán cuán comunicativa será la persona que las ha trazado.

A pesar de que todos los óvalos son muy elocuentes, se considera que las aes y las oes son las más indicadas para llevar a cabo el estudio, pues las primeras se refieren a la vida pública y las segundas a la privada.

De este modo, una escritura con la mayoría de aes abiertas indica que la persona suele ser extrovertida y comunicativa, sobre todo si están abiertas a la derecha, ya que denotan un carácter amable. Sin embargo, si estuviesen muy abiertas, la persona puede llegar a ser un tanto charlatana. Si el texto fuese negativo, la persona, además, será indiscreta.

Si los óvalos de las aes están abiertos con un pequeño bucle, la persona será muy agradable, de una gran amabilidad y poseerá grandes dotes de diplomacia y seducción.

EJEMPLO

> Cuando Patrick abría aquellos
> ojos azules
> y la sonrisa iluminaba su cara
> se alegraban las penas
> desaparecían las nubes
> y sonrían aquellas canciones
> que un día alguien imaginó.

Escritura con la mayoría de aes abiertas

Por el contrario, una escritura con las aes cerradas indica que la persona no es muy habladora y toma ciertas precauciones a la hora de relacionarse con los demás, siendo muy discreta y diplomática.

En caso de que haya repasado los óvalos más de una vez, es posible que se trate de una persona taciturna y reflexiva. Si además están cerrados, su autor o autora tal vez tenga dificultades para hablar en público, lo cual puede desmoralizarlo y hacer que pierda confianza en sí mismo.

EJEMPLO

> La felicidad consiste en gozar de salud, dormir sin miedo y despertar sin angustia.
> Françoise Sagan.

Escritura con la mayoría de aes cerradas

La letra o simboliza la relación que mantiene cada persona con su lado más íntimo y esencial. Al igual que la firma, la manera de trazarla indica cómo se ve.

Si en una escritura la mayoría de las oes están abiertas a la derecha, es muy posible que su autor o autora sea muy extrovertida y apenas guarde nada para sí. Su indiscreción será notable, y es muy posible que le cree numerosos problemas.

Por el contrario, si la mayoría de las oes están abiertas a la izquierda, la persona sólo se mostrará confiada con aquellas personas que conozca muy bien.

En el caso de que hubiese tantas aes como oes abiertas, la persona será muy comunicativa tanto en el ámbito social como en el privado. La vida será para ella un intercambio constante de ideas y afectos, por lo que la soledad hace que se sienta incómoda e incluso le dé miedo.

EJEMPLO

Escritura con los óvalos de las oes abiertos

La escritura que se caracteriza por unas oes con los óvalos cerrados, indicará que no confía su intimidad ni siquiera a las personas más cercanas. Es muy introvertida y guarda para sí todo su mundo interior.

En el caso de que se repase el trazo de las oes, esta tendencia será mucho más acentuada, ya que la persona guardará celosamente su intimidad. Si su carácter fuese muy retraído, esta reserva puede provocarle desconfianza, desaliento y ansiedad. Por el contrario, si en un escrito los óvalos de las aes y las oes son abiertos y cerrados y han sido repasados, su autor o autora será de carácter afable y muy comunicativo.

> **EJEMPLO**
>
> *Significado adivinatorio.*
> *En sueños, el amor como sentimiento promete alegría a una muchacha. Deseo a una mujer. Miseria a una anciana.*
>
> *Esther*

Escritura con los óvalos de las oes cerrados

La letra de y el intelecto

Es imprescindible estudiar esta letra cuando nos interesa profundizar en el intelecto de una persona, saber cómo se relaciona con la esfera del pensamiento y las ideas, si es lógica o intuitiva, estudiosa o imaginativa y creativa.

Si la mayoría de las des que ha escrito son muy estilizadas, casi caligráficas, será una persona más bien convencional, que acepta los criterios establecidos y que no reflexiona sobre lo que aprende o estudia.

> **EJEMPLO**
>
> *Llevo una vida bastante rutinaria, me dedico a trabajar en una empresa de muebles y principalmente mi faena es embalarlos, después de terminar el trabajo salgo a tomar algo con los amigos. Hasta aquí mi vida laboral.*

Escritura con des caligráficas

Si por el contrario cada de está ligada por la parte alta a la letra siguiente, su autor o autora posee una inteligencia lógica, una buena capacidad de razonamiento deductivo y un intelecto ágil y reflexivo.

> **EJEMPLO**
>
> Aquest estiu aniré a la platja pràcticament cada dia. El motiu es que ens hem traslladat a viure a la província de Barcelona i ara la platja ens queda molt més a prop.

Escritura con des de ligado alto

Si además del ligado, la parte alta de la letra es un poco hinchada, la persona será muy creativa y estará siempre dispuesta a aprender. Sin embargo, si la hinchazón fuese exagerada, la persona puede poseer una fantasía desbordante que puede canalizarla de manera creativa. Aunque otros desconectan y viven en un mundo romántico de ilusiones.

> **EJEMPLO**
>
> Please write and tell me your dates. We'd love to have you for dinner here in Brooklyn. Most of the summer, we'll be around, so let us know... The vital statistics

Escritura con el hampa de la letra de muy hinchado

Si vemos la parte alta de la de es muy alta y seca, la persona puede dar mucha importancia a la reflexión. Sin embargo, está desprovista de fantasía y puede ser un tanto rígida e intransigente con su sistema de ideas, rechazando o criticando a los que no piensan como ella.

> **EJEMPLO**
>
> *[Escritura manuscrita:]*
> "Escritor original no es aquel a quien nadie imita, sino aquel a quien nadie puede imitar"
> "El que comienza a leer, a veces tiene que hacerse el ciego para salvarse"
> "Un tonto resulta muy aburrido, pero un pedante inaguantable"

Escritura con la parte alta de la de alta y seca

Si la parte alta de la de es corta, esa persona posee una inteligencia práctica, sobre todo si su escritura es ligada. Quienes escriben de esa manera suelen ser prácticos, acostumbran a realizar todos sus proyectos y siempre se guían por un severo realismo, en especial si la zona baja de su escritura posee una cierta solidez. En cambio, si vemos una escritura con las letras separadas, su autor dominará la inteligencia intuitiva, que llega al conocimiento por una vía que no tiene que ver con la deducción lógica.

> **EJEMPLO**
>
> *[Escritura manuscrita:]*
> Mi buena amiga Elisenda, me ofrece la oportunidad de redactar unas líneas para incluir en su próximo libro. En este momento, es cuando encuentro a faltar la genialidad de aquel clásico que escribió
> "Un soneto me manda hacer Violante y en mi vida me he visto en tal aprieto"

Parte alta de la letra de corta

> **EJEMPLO**
>
> Me encantaría conocer a un chico alto, moreno y de ojos negros, pero sobre todo que comparta mi afición por los caballos.

Escritura de letras separadas

Si el óvalo de la de está comprimido o es pequeño, su autor no tiene un concepto demasiado acertado de sí mismo, ya que no cree que sea demasiado inteligente. De hecho, estas personas suelen permanecer en silencio mientras los demás conversan acerca de los más diversos temas.

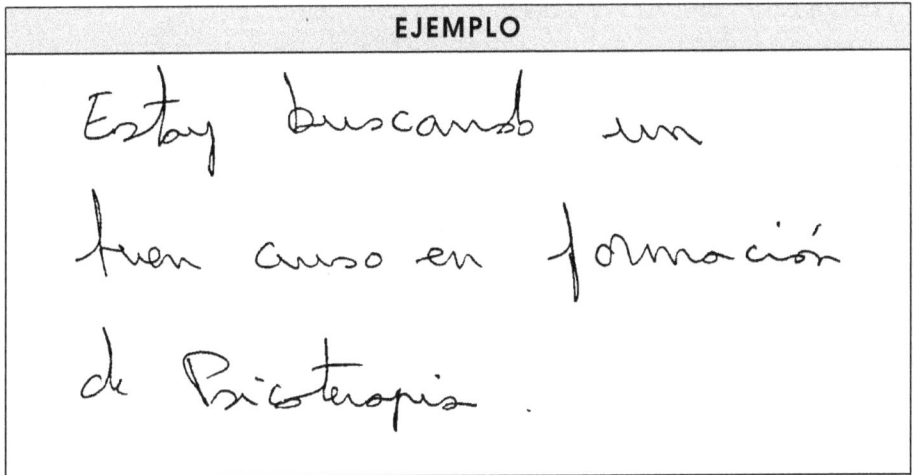

Óvalos de las des comprimidos

La letra ge y el erotismo

Aunque, en general, el estudio de la zona descendente de una escritura ya indica si una persona es instintiva o no, se ha estudiado con mucho detalle las implicaciones del trazo del óvalo con la vida sexual y afectiva.

Mediante el estudio de los rasgos de esta letra, puede saberse cómo se relaciona una persona con su propia sexualidad, si es apasionada, si considera importante esa área de su vida, si se comunica bien con su pareja, si le gusta fantasear, etc.

Sin embargo, debe tenerse en cuenta que estas cuestiones son de un carácter extremadamente íntimo, por lo que el grafólogo deberá estudiarlas con la mayor confidencialidad posible y, sobre todo, no habrá de incluir nunca los resultados de este análisis en un informe de selección de personal, ya que estos datos no son de la incumbencia de nadie más que de la persona que se somete al examen.

De hecho, un grafólogo competente sólo debería ocuparse de estas cuestiones en el caso de que fuese necesario examinar el grado de compatibilidad de una pareja.

A continuación se comentan algunos de los casos más característicos del trazo de esta letra.

Cuando la jamba de la ge es muy corta y el óvalo cerrado, seguramente la persona será muy tímida y tenderá a inhibirse cada vez que pueda tomar la iniciativa. En el caso de que los óvalos de las letras estén muy cerrados, este carácter retraído será muy acentuado.

Sea por la razón que fuere, quien escribe de este modo tiende a quedarse al margen de todo, siendo incapaz de expresar su afecto a alguien con toda la intensidad que le gustaría.

EJEMPLO

Ges cortas con el óvalo cerrado

Si por el contrario las jambas de las ges son largas e hinchadas, podrá saberse a ciencia cierta si una persona posee una sensualidad exuberante y le gusta tener fantasías eróticas. Si además, las jambas de las otras letras no son tan largas como estas, el sexo y el erotismo serán dos de las cuestiones más importantes de su vida.

> **EJEMPLO**
>
>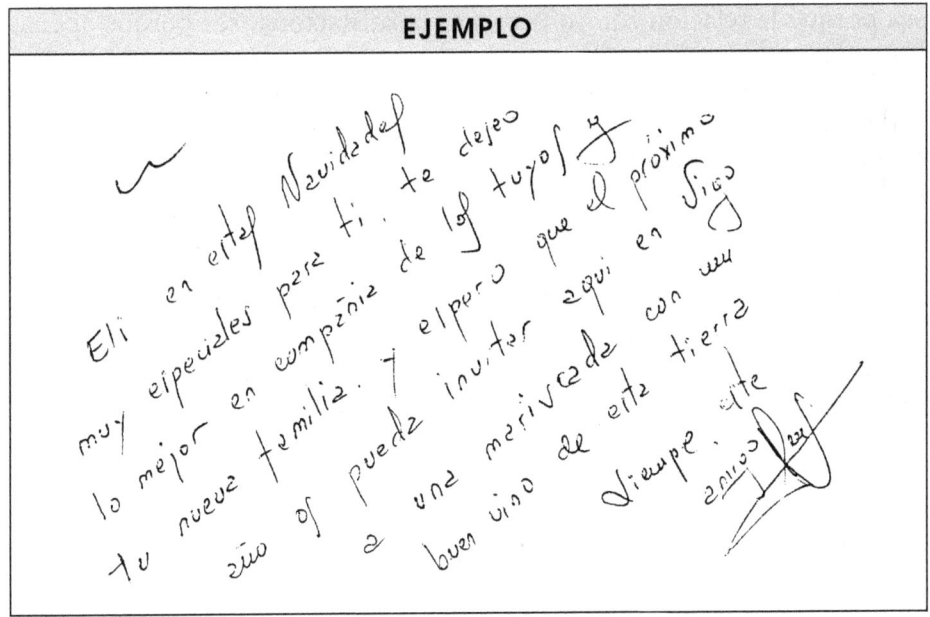

Ges de jamba larga e hinchada

Si las ges se escriben con bucles y lazos, el autor o la autora poseerán un conocimiento casi innato de sus artes de seducción. A menudo saben cómo utilizar su coquetería y sus encantos personales para atraer la atención de la persona que desean.

> **EJEMPLO**
>
> Principalmente suelo salir con mis amigos, ir
> al cine, leer (me gusta mucho la novela

Ges con bucles y lazos

En el caso de que las ges aparezcan sueltas en una escritura ligada, puede haber más de una interpretación. Por un lado, puede aventurarse que la persona en cuestión no tiene una vida sexual demasiado intensa, sea porque la relación con su pareja es insatisfactoria, sea porque apenas trata con nadie.

En otros casos, si las jambas son largas e hinchadas, pero están desligadas, tal vez la persona no tenga intenciones de mantener una relación estable, sino que prefiera tener diversas aventuras sin comprometerse con nadie.

EJEMPLO

Siempre me ha gustado practicar todo tipo de deportes. Tengo mis hobbis pero

---

Ges sin ligar

En el caso de que el óvalo de la ge fuese cerrado, es muy posible que su autor o autora tenga serias dificultades para comunicar sus gustos y fantasías a su pareja y prefiere que sea esta quien tome la iniciativa y los adivine.

EJEMPLO

esto se lo debo a mis amigos, que debido a un caracter extrovertido y activo me hicieron

---

Ges con el óvalo cerrado

Si el pie de la ge es anguloso y está orientado hacia la izquierda, es muy probable que la persona tuviera problemas de entrega por represión y rechazo al placer, tal vez a causa de una educación muy severa y castrante, o bien prefiere sublimar su deseo.

> **EJEMPLO**
>
> Además me gusta "devorar" libros sobre temas históricos y latinoamericanos.
> La mujer por la que haría locuras es soñadora, entusiasta, aventurera, enamorada del mundo y de su gente; y si es dueña de una empresa que me dé trabajo, mucho mejor.

Ges con el pie anguloso a la izquierda

Si las ges están ligadas, con el pie largo y ancho y el óvalo abierto a la derecha, la persona que las ha escrito sabe comunicarse, entregarse y ser receptiva a las fantasías de su pareja sin por ello dejar de disfrutar de las suyas.

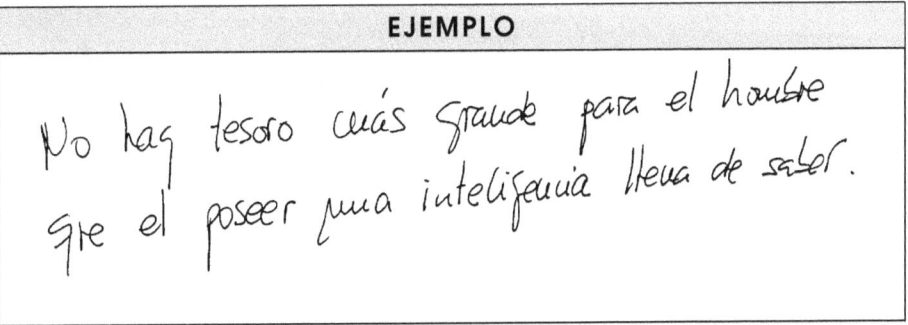

Ges ligadas y abiertas a la derecha

La letra i y la capacidad de concentración

El análisis grafológico de esta letra estriba en su mayor parte en la colocación del punto. Una persona podrá ser precipitada, meticulosa, impulsiva o con una gran capacidad de concentración según la manera que tenga de colocar el punto o el acento sobre las íes. Las interpretaciones de este gesto serán muy importantes de cara a los exámenes de selección de personal.

Si la puntuación es muy regular en las íes, la persona será atenta y metódica y poseerá una buena capacidad de atención y concentración.

En el caso de que una empresa desease contratar a alguien atento, cuidadoso y muy ordenado, sin lugar a dudas debería buscarlo entre una persona de este tipo.

> **EJEMPLO**
>
> *[Muestra manuscrita: "Creo que soy una persona que siempre ha tenido muchas inquietudes, algunas las he podido realizar y otras todavía no. Espero no obstante lograr realizarlas tener tiempo para mi sola, no falta mucho."]*

Escritura con una puntuación regular de las íes

Además, si los puntos y los acentos están bien centrados encima de la letra, la capacidad de atención y la precisión serán mucho más grandes, ya que la persona demuestra un interés extraordinario por realizar su trabajo de la manera más satisfactoria posible.

> **EJEMPLO**
>
> *[Muestra manuscrita: "Soy bastante extrovertida, optimista, alegre y lo que más me tomo en serio en la vida es mi trabajo, pero también soy muy despistada y desastrosa. También soy bastante inestable, puedo estar muy contenta y al momento cambiar"]*

Escritura donde falta el punto de las íes

Si, por el contrario, faltan en su escritura puntos y acentos sobre las íes, su autor será muy despistado y tendrá, según el número de signos que falten, problemas de concentración.

Sin embargo, antes de sacar conclusiones precipitadas, habrá que saber si el escrito ha sido redactado con prisas o si esta es la manera natural de hacerlo.

Otro detalle que debe tenerse muy en cuenta es si el punto de las íes se ha colocado a la derecha o a la izquierda del fuste de la letra. En el primer caso, indica que es algo indecisa y poco atrevida, y quizá lo sopesa o medita todo demasiado. En cambio, en el segundo, la persona que tiende a colocar el punto por delante de la letra, tiende a adelantarse a los acontecimientos.

EJEMPLO

Puntuación de las íes a la derecha

Hay muchas personas que dibujan una pequeño círculo en lugar del punto. Es un gesto gráfico que llama la atención y que puede tener múltiples interpretaciones, dependiendo de la interpretación global del texto.

Por lo general indica que la persona suele ser bastante reflexiva y le gusta demorarse a la hora de tomar una decisión.

Sin embargo, una escritura que sea redonda y tenga bucles y algún que otro lazo indicará el talante coqueto de una persona, a quien le gusta ser reconocida por su talento y originalidad. Tras este gesto se esconde el deseo infantil de no pasar desapercibido y convertirse en el centro de todas las reuniones. No en vano, muchos profesionales del mundo del espectáculo suelen tener una escritura un tanto caprichosa.

> **EJEMPLO**
>
> *Si es difícil mantenerse sobre promontorio, descienda, instálese de comfortable y deje pasar la tormenta. Lo contrario, nada podría amortiguar caída.*

Punto de la letra i en forma de círculo

La letra erre y el mal genio

Esta letra refleja da una considerable información sobre la manera como una persona canaliza su energía y reacciona con buen o mal carácter.

En el caso de que hubiese unas erres minúsculas en forma de montañas curvas, la persona tendrá un carácter suave, adaptable y sereno. De hecho, no se alterará ni perderá los nervios con facilidad. Si, además, aparecen bucles en la parte alta de las erres, será diplomática, agradable y cordial y evitará la agresividad, lo cual le permite lograr sus objetivos con facilidad.

> **EJEMPLO**
>
> *Penso que la vida es molt curta i es tracta de pasaro be, sempre respectau a Totom*

Erres minúsculas curvas

Por el contrario, si las erres son angulosas y tienen forma de íes sin punto o de uves abiertas y triangulares, su autor será muy susceptible, irritable, impaciente y tendrá ramalazos de mal genio.

EJEMPLO

[Ejemplo manuscrito:] La verdad, es que escribir de pronto cosas que definan mi carácter hace que no se me ocurra nada.

Erres minúsculas angulosas

Si fueran cuadradas, con un bucle cuadrado trazado con energía, deberán interpretarse de diferente manera según si el gesto se hace a la izquierda o a la derecha. En el primer caso, su autor será notablemente testarudo. Si en cambio lo hace a la derecha, revela iniciativa y decisión.

EJEMPLO

[Ejemplo manuscrito:] Respecto a las chicas, mis amigos dicen que siempre me "como" a la más fea de la fiesta, y la verdad es que a mí me importa poco, no por desesperación, sino porque sólo hay dos situaciones en las que no aguanto tener una mujer delante: una conduciendo, y la otra, esperando para hablar en una cabina telefónica (¡ i no es machismo, es broma, ¿eh?!).

Erres minúsculas cuadradas

La letra te y las dotes de mando

El estudio de esta letra, sobre todo en lo que respecta a la manera de trazar su barra horizontal, dice mucho acerca de la capacidad de autoafirmación con que cuenta una persona, así como de su grado de voluntad, terquedad e impaciencia.

Es muy útil todo lo que nos dice tanto del ámbito personal como a nivel profesional. Si nos interesa una persona para un puesto directivo, el análisis de sus tes nos aporta una información muy valiosa respecto a sus dotes de mando.

Si las barras de las tes son rectas, altas y largas, la persona que las ha escrito posee unas poderosas dotes de mando y puede ser un buen líder y directivo.

Sin embargo, si son demasiado largas, es muy posible que la capacidad de mando se convierta en un impulso autoritario que provoque serios enfrentamientos. Quien escribe de este modo posee un alto concepto de sí mismo y cree que está capacitado para organizar el trabajo de los demás, sin caer en la cuenta de que sólo es un entrometido que ocasionará graves problemas a la empresa.

Por lo que se refiere a la vida privada, su impaciencia y terquedad dificultan la convivencia con él. A pesar de su contumacia, hay que intentar sobreponerse e impedir que sea cada vez más dominante. No se puede ceder ni un ápice ante su avance.

EJEMPLO

> Que Dios me dé serenidad
> para aguantar aquello que no pueda
> cambiar.
> Fortaleza, para cambiar lo que sí
> pueda.
> E inteligencia para captar la
> diferencia.

Tes de barra larga y recta

En el caso de que las barras de las tes fuesen bastante rectas y estuviesen situadas en el centro, la persona posee una gran voluntad y firmeza, si bien por lo general no suele hacer gala de un carácter dominante, ya que en la mayor parte de los casos sabe adaptarse perfectamente a su puesto y seguir las indicaciones de otra persona sin cuestionarlas cuando lo considera necesario.

EJEMPLO

¿Aficiones?, bueno, tengo algunas: esquí (desde bien pequeño), radioaficionado, coleccionismo de pins y aprender idiomas. Este año estoy haciendo tercero de japonés; es difícil pero muy ameno. Pero lo que más me gusta es viajar; los países que he estado: Cuba, Thailandia, Reino Unido, Birmania, etc... son tan diferentes.

Tes de barra media

Por otra parte, si en una escritura la mayoría de las barras de las tes se encontrasen a la derecha, su autor o autora será emprendedor y decidido y gustará de tomar la iniciativas en aquellas ocasiones en que haga falta. En el caso de que este rasgo fuese muy acentuado, podría achacársele un idealismo tal vez excesivo que le llevará a confiar demasiado en sí mismo.

Por el contrario, si las trazase a la izquierda, es posible que la persona sea un tanto terca y de difícil trato, ya que no habrá manera de sacarla de sus trece. Con todo, antes de emitir un juicio severo, es preciso volver a estudiar el resto de los otros rasgos y gestos característicos del escrito, porque es muy frecuente que esas personas se obcequen por desconfianza o miedo.

> **EJEMPLO**
>
> ¡Felicitats "barriquitas de Famosa"!!!!
> Molts benitos meus de la Nina i de l'August.
> Laura

Tes situadas a la derecha

En aquellos casos en que las barras, además de estar al lado derecho, aparecen separadas del cuerpo de la letra, la persona será un tanto irreflexiva, poco dada a controlar sus impulsos e incluso temeraria.

Por el contrario, si las barras de las tes son muy bajas y cortas, quien haya redactado el escrito no se estimará demasiado. De carácter pusilánime y sin ningún tipo de iniciativa, tenderá a adoptar actitudes serviles y acatará las órdenes de cualquier persona que le domine.

> **EJEMPLO**
>
> Y como no sé que mas deciros por carta, me presento con ella y de palabra podré contaros mas cosas.

Barras de las tes bajas y cortas

Las barras cortas y casi inexistentes, en cambio, indican una notable falta de voluntad e indican que la persona no hace el menor esfuerzo para conseguir nada.

Si en una escritura se apreciase que las barras han sido trazadas en algunas ocasiones y en otras no, habría que interpretar este hecho como un signo de inconstancia y de poco detallismo, como en el caso de los puntos de las íes.

Las barras de las tes en forma de línea doble o de triángulo indican que la persona posee una gran voluntad y se considera capaz de conseguir todos los objetivos y proyectos que se ha propuesto. Sin duda, un escrito con un rasgo como este dice mucho sobre la persona que lo ha redactado.

EJEMPLO

trovar un noi que m'estimi per poder realitzar els meus somnis romàntics; i com a bona culé que el Barça guanyes la Copa D'Europa. M'encantaria tenir una moto ja que m'agrada molt la velocitat.

il·lusions. Soc divertit i habitualment poso la nota divertida a les converses, en les quals no deixo mai de participar perquè soc un xerraire.

Barras triangulares o dobles

Si las barras de las tes tienen forma de lazo o bucle, la persona sabrá cómo conseguir lo que desea mediante su simpatía y dotes de seducción. Quien escriba de esta manera podrá desempeñar perfectamente un trabajo en el que tenga que tratar con el público, sea como comercial, relaciones públicas o, incluso, diplomático.

Sin embargo, si en el texto se apreciase una cierta negatividad, el autor o la autora del manuscrito será artero y no cejará hasta conseguir lo que desea. Tal vez se trate de un seductor nato o de alguien que apenas posee escrúpulos a la hopra de salirse con la suya.

> **EJEMPLO**
>
> Cara Sela de Colón, Susto de Beethoven, perun3o de apertura y flores marchitas. Ka copa que se pega en aquella noble barra que seguramente años atrás

Barras de las tes en forma de lazo o bucle

Si las tildes de las tes tienen forma de plátano abierto, la persona será poco decidida y le faltará voluntad para llevar a cabo lo que se haya propuesto.

> **EJEMPLO**
>
> delegado pedagógico en una editorial de idiomas. es un trabajo muy variado que me permite conocer a mucha gente y viajar bastante. Pero todo no es trabajo, ni mucho menos! Intento aprovechar a tope mis ratos libres. A decir

Barras de las tes en forma de plátano abierto

Cuarta parte

EL INFORME GRAFOLÓGICO

Consejos para redactar un informe

Después de que el grafólogo haya obtenido toda la información posible de las muestras que ha analizado y haya tomado nota de todos los aspectos gráficos importantes que deben tenerse en cuenta, procederá a redactar el informe.

No se trata de un trabajo sencillo, ya que es preciso dar forma a las diferentes impresiones que se han tenido a lo largo del estudio y conferirles un sentido unitario. Además, en no pocos casos se aprecian rasgos no demasiado agradables en el perfil de la persona pero que deben ser presentados de la manera más rigurosa precisa y sin ser demasiado explícitos u ofensivos. Si el informe no fuera positivo, conviene indicar algunas de las pautas necesarias para mejorar la situación. La intervención de un psicólogo puede ser muy útil en estas circunstancias.

La presentación, la estructura, los contenidos y la extensión dependerán de los motivos que han llevado a encargar el análisis. En el caso de que el cliente sea una empresa de selección de personal, habrá que interpretar todos los datos de los candidatos con el fin de dibujar el perfil profesional de cada uno de ellos y establecer si reúnen las condiciones que se requieren para desempeñar el puesto.

En cambio, si el estudio ha sido encargado por un particular que desea hacer un obsequio al autor del escrito, puede adoptarse un estilo informal y desenfadado e interpretar los datos en función de su manera de pensar, sus gustos, sus relaciones familiares, amorosas y laborales, etcétera.

Con todo, es preciso seguir un criterio fijo a la hora de clasificar la información e interpretarla. Por lo general, todo análisis debe tener en cuenta estos cinco apartados:

— personalidad;
— intelecto;
— sociabilidad;
— afectividad;
— perfil profesional.

En el apartado dedicado a la personalidad, pueden incluirse todas las conclusiones a las que se haya llegado a través del análisis global del escrito, la libido, los géneros gráficos, el simbolismo del espacio, los temperamentos y la firma.

En cuanto a las capacidades intelectuales, puede trazarse un perfil a partir de los datos de los géneros gráficos, el simbolismo del espacio y el trazo de las des y las íes.

Para redactar el apartado dedicado a la sociabilidad, serán muy esclarecedores los géneros gráficos, el simbolismo del espacio, los temperamentos, el grado de introversión y extroversión de la persona y su manera de dibujar los óvalos de las letras.

La afectividad puede valorarse en virtud de los géneros gráficos, los temperamentos, la firma y la capacidad de reacción. Habrá que tener en cuenta además toda la información que se habrá obtenido mediante las letras reflejas, tales como los óvalos de las oes, las erres y las ges, si bien es necesario proceder con mesura, sobre todo por lo se refiere a esta última letra, ya que aporta datos muy íntimos que atañen más al estudio de las relaciones de pareja que al laboral. En el caso de que la persona que haya encargado el informe no sea la misma que ha preparado el escrito, lo mejor será omitir todos estos datos.

A la hora de redactar el apartado dedicado al perfil profesional también es preciso tomar ciertas precauciones. No es lo mismo preparar un estudio de este tipo para una empresa de selección de personal que para un particular. En el primer caso, habrá que incluir toda la información que se posea acerca de los temperamentos, el simbolismo del espacio, los géneros gráficos, la capacidad de reacción y las letras reflejas. Es muy importante dejar bien claras todas las aptitudes de la persona estudiada, a fin de que los seleccionadores puedan considerar si responden o no a los requisitos del puesto vacante. Por el contrario, si el destinatario del informe fuera el propio autor de los escritos, habrá que realizar una tarea de orientación profesional, en la que las características descritas den cuenta de las posibilidades laborales de la persona.

Con todo, antes de comenzar a redactar, es preciso distinguir entre la simple colación de datos, que podría considerarse como una primera fase o ensayo del análisis, y el retrato grafológico propiamente dicho.

El ensayo interpretativo

He aquí las preguntas referentes a las cualidades de orden general que exigen una respuesta exhaustiva:

— ¿es simpática o antipática la persona cuya escritura se analiza?;
— ¿es activa o inactiva?;
— ¿es sencilla y espontánea o tal vez es pretenciosa y altiva?;
— ¿es moderada o exagerada?;
— ¿es distinguida o grosera?

Una vez se hayan respondido estas cuestiones, habrá que establecer el tipo de intelecto que posee. Las cualidades más significativas son las siguientes:

— ¿tiene una mente cultivada?;
— ¿es atenta o atolondrada?;
— ¿su mente es clara o confusa?;
— ¿es razonable o testaruda?;
— ¿cuál es la naturaleza de su imaginación?;
— ¿cuál es su grado de inteligencia?

Por lo que respecta a sus cualidades morales, han de tenerse en cuenta las siguientes características:

— ¿es sincera o mentirosa?;
— ¿es espontánea o calculadora?;
— ¿es leal o no?;
— ¿es generosa o egoísta?

Y en cuanto a la voluntad, tendrían que aclararse las siguientes cuestiones:

— ¿es constante o inconstante?;
— ¿es enérgica o no?;
— ¿cuál es su grado de voluntad?

Por último, cabría hacerse dos preguntas importantes:

— ¿esta persona tiene el propósito de mejorar?;
— ¿es sensible al arte?

Como puede verse, la interpretación de las cualidades intelectuales, morales y estéticas es fundamental, ya que son las que definen de la manera más fiable el carácter real de la persona.

Para comprender mejor el proceso de esta primera fase de la redacción del informe, vamos a ver el siguiente ejemplo.

Supongamos que el grafólogo ha analizado diversas muestras preparadas por una persona. La interpretación de las cualidades dominantes de su escritura permite esbozar las siguientes características:

— claridad;
— sencillez;
— sobriedad (carácter moderado y reflexivo);
— dinamismo (es decir, gran actividad intelectual);
— tendencia a las formas curvas (talante dulce);
— gracia;
— proporción (constancia y coherencia);
— orden;
— precisión;
— espontaneidad;
— estilo caligráfico (espíritu cultivado y sensibilidad artística);
— sílabas levemente separadas (espíritu asimilativo);
— barras de las tes muy iguales (constancia);
— finales orientados hacia la derecha (dinamismo y altruismo).

De este modo, puede observarse de manera casi inmediata por el gran número de signos dominantes, que el carácter que se ha analizado es muy rico. De una escritura clara, sencilla, dulce y graciosa, se desprende una gran simpatía.

La superioridad intelectual queda confirmada por cualidades como la claridad, la sencillez, la moderación y la actividad. La persona que se ha sometido al examen poseería una mente cultivada y su capacidad de mejorar quedaría demostrada por su espíritu versátil, activo y honesto. A través de estos datos, el grafólogo podría descubrir un espíritu activo, sobre todo en función de los rasgos que indiquen reflexión, moderación y constancia. Todo ello haría que la persona fuese distinguida y sencilla de manera espontánea y sin afectación. La combinación de todas esas cualidades formaría un conjunto notablemente armónico.

Su lealtad y altruismo podrían ser las tendencias generales de su carácter. Desde el punto de vista de la voluntad, su actividad y constancia serían sus virtudes más sobresalientes. Su temperamento, además, poseería unas acusadas tendencias artísticas.

En conjunto, una escritura de estas características revela una personalidad bastante brillante. De hecho, se trataría de una persona de talento, con una inteligencia vigorosa y cultivada. Sus dotes de iniciativa y su gran constancia se reflejaría en su manera de pensar y su bondad. Dulce, sencilla y leal, poseería sin duda una gran superioridad moral.

En conclusión, la persona analizada poseería una gran simpatía y, tanto desde el punto de vista intelectual como del moral, sería excelente.

Como puede verse, este primer estudio delinea bastante bien los rasgos más importantes de la personalidad del autor de un escrito. Sin embargo, es preciso relacionarlos para observar su carácter con más profundidad y deducir sus pautas de comportamiento.

El retrato grafológico final

La evolución desde un esbozo psicológico hasta un auténtico retrato no parece presentar dificultades. En realidad, resulta más difícil considerar cuál es la relación que guarda cada uno de los rasgos generales del carácter de una persona que definir uno de ellos. Esta aparente facilidad del retrato grafológico induce a muchos aficionados a abordar una tarea que es bastante ardua, ya que requiere no sólo el perfecto conocimiento de una técnica, sino también una sensibilidad refinada y una gran experiencia.

Además, un buen grafólogo se esfuerza por ser lo más conciso posible. La validez de un análisis grafológico no estriba en la prolijidad de una respuesta, sino en la precisión con que se aclaran los diversos elementos y la sensibilidad con que se extraen las conclusiones.

Ningún recurso retórico puede mejorar una respuesta equivocada. En cambio, diez líneas escuetas pueden ayudar a que el lector se haga una idea del perfil psicológico de la persona que se ha sometido al examen.

¿Dónde se encuentra, pues, la diferencia entre el esbozo grafológico y el auténtico retrato?

En principio, en la complejidad del análisis. El retrato grafológico consiste no sólo en el estudio más complicado de los detalles, sino también en el de las resultantes que llevan a una mayor profundización en los diversos significados. En el retrato, el grafólogo debe combinar los valores psicológicos que se han obtenido del análisis elemental de la escritura para obtener no sólo la descripción de los diferentes elementos caracteriológicos de la persona, sino también la posible solución para los trastornos que pudiese haber. Por ello, es preciso vigilar estrechamente las relaciones que existen entre las diferentes cualidades de la persona, especialmente aquellas que se refieran a su inteligencia, moral y voluntad.

Existen caracteres cuyos elementos se prestan a las combinaciones más curiosas e imprevistas. Otros, en cambio, mucho más simples, aportan sólo algunas indicaciones acerca de la intensidad de la escritura. Es muy frecuente que los grafólogos principiantes se afanen en encontrar conclusiones tajantes a partir de las resultantes gráficas. Sin embargo, el secreto de un buen estudio grafológico no consiste en la exhaustividad y la prolijidad del informe, sino más bien en la concisión y exactitud en la descripción de los elementos consignados. Más vale concentrarse en los rasgos generales del carácter, ya de por sí importantes, que demorarse en interpretaciones alambicadas que no llevan a ninguna parte.

A la hora de realizar los retratos, si no se posee la experiencia suficiente como para dar un carácter más personal al informe, puede seguirse un esquema general parecido al que se ha empleado para la observación de los rasgos generales.

De este modo, primero se procederá a determinar los rasgos dominantes y luego los secundarios. Para ello, y en la medida de lo posible, no debe analizarse ningún rasgo por separado, ya que ciertas particularidades, si se consideran por separado, carecen de importancia, mientras que si se contrastan con otras pueden tener un papel decisivo.

El método más adecuado consiste en reunir todas las indicaciones de la escritura y clasificarlas por orden para deducir el mayor número de datos posible. Un grafólogo optará por las cualidades de la mente, otro por las de la sensibilidad, un tercero por las de la moral y la voluntad, etc. Lo importante es captar y descubrir lo esencial del carácter.

El grafólogo experto no necesita hacer un esbozo psicológico antes de proceder al retrato, si bien puede serle de gran utilidad.

El procedimiento que se presenta a continuación es el que suele ofrecer mayores posibilidades de éxito en el análisis temperamental y del talante psíquico de una persona.

Para ello, habrá que empezar en la escritura, con todo el cuidado que sea posible, los elementos principales del carácter. Esta elección se realiza sin ninguna precipitación. Combinando los elementos que se han obtenido, se halla una *resultante*, más o menos compleja, que constituye la base de su carácter. El grafólogo, en este momento, deberá intentar comprender el carácter de la persona que está estudiando, a fin de captar su estado de ánimo. Se trata, en cierto modo, de hacerse una idea de su temperamento y experimentar sus propios sentimientos. El grafólogo deberá ver con claridad cuáles son las pasiones que nacen de esos sentimientos; el retrato se organizará en su mente a través de la empatía y una cierta inspiración, sin que por ello la escritura deje de guiarle. Cuando posea una mayor experiencia, después de haber analizado muchas muestras, podrá precisar con más exactitud el carácter que se manifiesta a través de un escrito a partir de ejemplos análogos que haya podido estudiar. Sólo entonces podrá considerarse un experto y sus juicios serán completamente válidos.

A continuación, puede verse un ejemplo de informe grafológico.

EJEMPLO DE INFORME GRAFOLÓGICO

La escritura de M. P., un hombre joven, revela una inteligencia bastante viva y una gran rectitud moral. El conjunto de estas cualidades dominantes denota ya una organización superior. Su gran distinción y cultura, además, le confieren atractivo y una gran seguridad en sí mismo. Perspicaz y sensible, se adapta fácilmente a todas las circunstancias. Su sentido crítico está tan desarrollado, que puede convertirse en algunas ocasiones en espíritu de contradicción. De hecho, es posible que en el transcurso de una discusión cambie de parecer llevado por el convencimiento de que las ideas que defendía no fuesen tan buenas como le parecía. Asimila con rapidez y sabe observar con gran atención. Su imaginación, viva y fecunda, en lugar de entorpecer sus pensamientos, va unida a la capacidad de formular pensamientos con claridad y expresarse con propiedad.

No se advierten visos de pedantería. Su mentalidad es muy abierta y, además, posee un temperamento artístico notable. Su gracia es tan penetrante que puede endulzar los pensamientos más graves.

Su carácter moderado no lo convierte en una persona apática y desapasionada, sino que más bien atempera sus efusiones. Su deseo de perfección y buena voluntad le llevan a controlarse en todo momento. No le agrada expresar sus emociones ante personas desconocidas, y en el caso de que debiera hacerlo en la intimidad, su pudor y decoro le impiden extralimitarse.

En consecuencia, en situaciones especialmente tensas puede padecer de agitación y angustia.

Su naturaleza es sincera, recta, franca y absolutamente correcta desde el punto de vista moral. Sus primeros impulsos son siempre excelentes y naturales y su lealtad está a toda prueba. Toda su energía se concentra cuando ha de realizar algo en lo que cree. Podrá cambiar un punto de vista, pero nunca traicionará su palabra ni desatenderá un compromiso.

No es pródigo, pero se muestra generoso cuando es necesario. Su naturaleza es sensible a las mínimas atenciones y agradece los más modestos favores. Tras estudiar la acción recíproca de las diferentes partes de este carácter, es notable la relación que se establece entre sus facetas afectivas e intelectuales. La imaginación, el afán de ser cada vez mejor y la delicadeza se unen de manera armónica. Por ello, a pesar de la frialdad que pueda mostrar, en realidad es muy sentimental.

Carece de soberbia. Su naturaleza es sencilla y noble, si bien posee una ambición y una voluntad que, bien llevadas, le permitirán obtener grandes éxitos.

Confrontando y uniendo los diversos elementos de este estudio, puede afirmarse que esta persona posee un carácter decidido y simpático. Sus cualidades intelectuales y morales, así como su voluntad, son evidentes. Un hombre de estas características puede hacer frente a todas las vicisitudes de la vida. En cuanto a sus debilidades, las domina perfectamente y nada entorpece la armonía excepcional de este carácter leal, activo, constante y luminoso.

El retrato grafológico final que había partido del análisis elemental y del esbozo psicológico queda completo de esta forma.

En conclusión, puede afirmarse que lo más importante para obtener una fiel descripción de la persona que se somete al estudio, es descubrir los *signos dominantes* y relacionar sus significados con las características propias del tipo de temperamento al que responde.

En definitiva, todo el arte del grafólogo estriba en su capacidad de escoger entre numerosos significados el más conveniente en relación con los indicios que posee.

Conclusión

La grafología, tal como hoy la concebimos, es una auténtica ciencia, si no perfecta, por lo menos en fase de continuo desarrollo. En colaboración con otras disciplinas, como, por ejemplo, la psicología, pueden resaltarse los componentes principales del carácter de una persona, la debilidad o la fuerza, el egoísmo o el altruismo, las alteraciones psíquicas o la salud interior. De hecho, para determinar con bastante exactitud la naturaleza de una persona sería menester la cooperación de un grafólogo, un médico y un psicólogo que poseyesen un amplio conocimiento del comportamiento psicofísico del ser humano, algo que en muy pocos casos es posible.

Sin embargo, más allá de los resultados profundos de un análisis clínico, la grafología puede representar también una enorme ayuda en la vida práctica.

Es fácil comprender la importancia de un juicio ponderado sobre las personas con las que convivimos cada día: todos desearíamos descubrir los aspectos ocultos de nuestros amigos, de conocidos, de colegas o de cualquier persona con la que debamos tratar y conocer su verdadera naturaleza, su carácter y sus tendencias para decidir la actitud que deberíamos tomar.

Afortunadamente, ningún análisis, por minucioso que sea, puede facilitarnos esos datos.

Las conclusiones del estudio grafológico de un escrito deben leerse siempre con un cierto distanciamiento y prudencia, sobre todo si el grafólogo no es un experto o no se dedica profesionalmente a ello. Su cometido es orientar a la persona y mostrarle el camino que debe seguir para conocerse mejor, confiar más en sí mismo y superar sus problemas emocionales.

Si este libro ha sido útil en este sentido, me sentiré completamente satisfecha.

Glosario

Escritura agrupada: en ella las letras forman grupos dentro de una misma palabra, aunque no siempre coinciden con las sílabas.

Escritura caligráfica: sigue con bastante exactitud un modelo aprendido en la escuela y que se mantiene aun siendo adultos. Se caracteriza por su regularidad y claridad de formas. De ella pueden inferirse los modales externos, la cultura y originalidad de su autor, y las facultades constructivas y de ejecución.

Escritura clara: es legible y tiene una separación adecuada entre letras, palabras y líneas. Los márgenes son iguales y los espacios del interlineado uniformes. Las mayúsculas son regulares, la puntuación es perfecta, los acentos están bien marcados y los palos de las letras largas son de longitud moderada. Habitualmente, es sobria, de dirección y dimensiones uniformes. Es un género de escritura natural que va desarrollándose al mismo tiempo que la personalidad.

Escritura complicada: es un tipo de escritura de formas caprichosas y ornamentales, con una presencia notable de signos inútiles trazados a veces sin demasiada precisión. La mayor parte de las veces denota un carácter pretencioso y vanidoso.

Escritura concentrada: es la que, pudiendo leerse bien, predomina visualmente el negro de la escritura sobre el blanco del papel. Las letras se aprietan unas contra otras y las palabras son cortas y no están espaciadas. A menudo, los rasgos finales faltan o quedan apenas sugeridos. Esta clase de grafía puede ser natural o deliberada así como permanente o transitoria, provocada por algún estado emocional momentáneo.

Escritura confusa: por lo general carece de puntuación y mayúsculas y los rasgos tienden a confundirse. Se trata de un género de escritura natural provocada en algunos casos por fuertes impulsos emocionales. Casi siempre es difícil de leer.

Escritura creciente: se caracteriza por un aumento progresivo del tamaño de las letras al final de la palabra o la línea. A menudo, la persona que escribe de esta manera suele ser muy impresionable. El aumento progresivo de las letras indica que su emotividad crece a medida que va manchando el papel, e incluso en algunos casos puede llegar a exaltarse. Si además los rasgos son rápidos y desiguales, este carácter impulsivo y voluble será mucho más acentuado.

Escritura desigual: es un tipo de grafismo en el que se aprecian variaciones marcadas de tamaño. Suele acompañar a las letras trazadas rápidamente y es característica de personas sensibles, emotivas y muy impresionables.

Escritura desligada: se revela por medio de movimientos gráficos que se suceden ininterrumpidamente. Según el grado de separación que se aprecie, podrán atribuirse a su autor diversos tipos de carácter.

Escritura extensa: en ella predomina visualmente el blanco del papel sobre el negro de la escritura. Es típica de personas que se sienten fuertes e importantes y desean comunicar esa sensación.

Escritura filiforme: este tipo se caracteriza por una progresiva reducción del tamaño de las letras que en algunas ocasiones puede impedir la lectura. Es muy posible que la persona la haya realizado con prisas, sin dedicarle demasiada atención. Si no fuera así, habría que interpretarla de manera negativa, ya que su autor desea ocultar algo. De hecho, muchos hipócritas y mentirosos suelen escribir de esta manera.

Escritura gladiolada: se caracteriza porque se va volviendo más pequeña a medida que avanza y finaliza la persona de escribir la palabra. Sin embargo, y a diferencia de la escritura filiforme, no obedece a un deseo de esconderse.

Escritura inclinada: es un tipo de escritura que tiende a inclinarse hacia el lado derecho, siguiendo la progresión de la escritura. El grado de inclinación no siempre es uniforme, siendo mayor al final de la palabra o de la línea. A menudo denota nerviosismo o falta de estima. Sin embargo, también pueden deberse a un estado de alteración momentáneo. Antes de dar un juicio absoluto, es conveniente contrastar diversas muestras de la misma persona, a ser posible escritas en circunstancias diferentes.

Escritura invertida: es el caso contrario a la anterior. En ella, las palabras tienden a recostarse hacia el lado izquierdo.

Escritura irregular: es aquella en la que no se percibe ninguna predominancia de ningún tipo de género gráfico, con letras muy distintas entre sí. No se aprecia un conjunto armónico.

Escritura ligada: se caracteriza por presentar las letras unidas por sus trazos iniciales y finales. Por lo general, corresponde a personas que escriben rápidamente y de un modo bastante impulsivo, deslizando la pluma o el bolígrafo sobre el papel y trazando un cierto número de signos sin detenerse.

Escritura ligera: en ella el trazo no es nutrido, pero tampoco blando. Ofrece una impresión visual de ligereza, poco peso y suavidad.

Escritura monótona: es un tipo de escritura que mantiene su forma de manera repetitiva. Da la sensación de que es mecánica, como hecha en molde. Le falta variación y viveza.

Escritura nutrida: en ella se aprecia muy bien el surco grabado en el papel al escribir. Los trazos de las letras están bien dibujados y son plenos, pero sin manchas ni descargas de tinta. En algunos casos el conjunto puede resultar muy agradable y ordenado. Este tipo de grafía corresponde a caracteres fuertes, decididos e incluso dominantes.

Escritura progresiva: es aquella que tiende a inclinarse a la derecha, con enlaces, gestos de puntuación y barras de las tes hacia ese lado. Son frecuentes los finales de palabra lanzados.

Escritura proporcionada: es aquella que no está descompensada, que guarda una justa proporción y armonía en sus zonas.

Escritura rítmica: es aquella en la que predomina un tipo de género gráfico, pero con variación de palabras agrupadas, ligadas y desligadas. Ofrece una sensación visual de viveza y en muchos casos puede percibirse una notable armonía.

Escritura serpentina: en ella las líneas son unas veces horizontales y rectas y en otras suben y bajan. Las letras suelen estar bastante bien alineadas una respecto a la otra. La sinuosidad indica un espíritu versátil y, si es muy acentuada, ambiguo.

Escritura sinuosa: al igual que en la escritura serpentina, las líneas adquieren una forma ondulada, si bien las variaciones son más acentuadas en las palabras.

Escritura uniforme: su tamaño en ella no varía a lo largo de las letras y las palabras. Muchas veces suele denotar un carácter independiente, ya que la persona se ha apartado de los rasgos caligráficos que ha podido aprender en la escuela para crear otros que se adaptan mejor a su manera de ser.

Bibliografía recomendada

CASEWIT, Curtis W. (1983), *Grafología práctica*, Barcelona, Martínez Roca.
KRISTUS, Malvin (1990), *¿Qué esconde su letra?, ¿y la de su pareja?*, Barcelona, Acervo.
LLUÍS, Elisenda (1993), *Manual básico de grafología*, Barcelona, CEAC.
PASSEBECQ, André (1981), *Grafología y morfopsicología para todos*, Gerona, Ediciones Cedel.
SIMÓN, José Javier (1992), *El gran libro de la grafología*, Barcelona, Martínez Roca.
— (1996), *Así escriben, así son*, Madrid, Temas de Hoy.
VELS, Augusto (1982), *Escritura y personalidad*, Barcelona, Herder.
XANDRÓ, Mauricio (1986), *Grafología superior*, Barcelona, Herder.

www.ingramcontent.com/pod-product-compliance
Lightning Source LLC
Chambersburg PA
CBHW081616170426
43195CB00041B/2852